# BEI GRIN MACHT SICH IHR WISSEN BEZAHLT

- Wir veröffentlichen Ihre Hausarbeit,
  Bachelor- und Masterarbeit

- Ihr eigenes eBook und Buch -
  weltweit in allen wichtigen Shops

- Verdienen Sie an jedem Verkauf

## Jetzt bei www.GRIN.com hochladen und kostenlos publizieren

**Bibliografische Information der Deutschen Nationalbibliothek:**

Die Deutsche Bibliothek verzeichnet diese Publikation in der Deutschen National-
bibliografie; detaillierte bibliografische Daten sind im Internet über http://dnb.d-
nb.de/ abrufbar.

**Impressum:**

Copyright © 2017 GRIN Verlag, Open Publishing GmbH
Druck und Bindung: Books on Demand GmbH, Norderstedt Germany
ISBN: 9783668510777

**Dieses Buch bei GRIN:**

http://www.grin.com/de/e-book/371506/die-optimalitaet-des-europaeischen-
waehrungsraumes-gemessen-an-kriterien

Ruben Ernst

# Die Optimalität des Europäischen Währungsraumes gemessen an Kriterien der Theorie der optimalen Währungsräume

GRIN Verlag

## GRIN - Your knowledge has value

Der GRIN Verlag publiziert seit 1998 wissenschaftliche Arbeiten von Studenten, Hochschullehrern und anderen Akademikern als eBook und gedrucktes Buch. Die Verlagswebsite www.grin.com ist die ideale Plattform zur Veröffentlichung von Hausarbeiten, Abschlussarbeiten, wissenschaftlichen Aufsätzen, Dissertationen und Fachbüchern.

## Besuchen Sie uns im Internet:

http://www.grin.com/

http://www.facebook.com/grincom

http://www.twitter.com/grin_com

# Die Optimalität des Europäischen Währungsraumes gemessen an Kriterien der Theorie der optimalen Währungsräume

Maturitätsarbeit 2016/2017
Abgabetermin: 09.01.2017
Kantonsschule Zürcher Unterland

vorgelegt von:

Ruben Ernst

# Inhalt

I. Einleitung ........................................................................................................ 1

   1. Thematik ...................................................................................................... 1

   2. Zielsetzung und Fragestellung .................................................................... 1

   3. Methodik und Ablauf ................................................................................... 2

II. Theorie der optimalen Währungsräume ........................................................... 3

   1. Kosten und Nutzen einer Einheitswährung .................................................. 3

      1.1 Nutzen des Effizienz- und Stabilitätsgewinns ......................................... 3

      1.2 Kosten des Verlusts von Ausgleichsmechanismen ................................. 3

   2. Robert A. Mundell ....................................................................................... 4

      2.1 Begriff der Optimalität ............................................................................. 4

      2.2 Hauptargumentation ............................................................................... 4

      2.3 Folgerungen für die empirische Herleitung und Anwendung der Faktormobilität ....... 6

      2.4 Methodenkritik ...................................................................................... 13

   3. Peter B. Kenen ......................................................................................... 15

      3.1 Optimalität ............................................................................................ 16

      3.2 Definition des Raumes .......................................................................... 16

      3.3 Hauptargumentation ............................................................................. 16

      3.4 Folgerungen für die empirische Herleitung und Anwendung der Diversifikation ....... 19

      3.5 Methodenkritik ...................................................................................... 21

   4. Ronald I. McKinnon ................................................................................... 22

      4.1 Optimalität ............................................................................................ 22

      4.2 Hauptargumentation ............................................................................. 23

      4.3 Folgerungen für die empirische Herleitung und Anwendung der Offenheit ............. 25

   5. Andere Ansätze ........................................................................................ 27

      5.1 Politische Reformfähigkeit ..................................................................... 27

      5.2 Konvergenz .......................................................................................... 28

   6. Optimalität im Euroraum ........................................................................... 30

      6.1 Optimalität im Rahmen dieser Arbeit ..................................................... 30

      6.2 Bedeutung für die Anwendung .............................................................. 31

III. Empirische Analyse und Einordnung .............................................................. 32

   1. Der Europäische Währungsraum ............................................................... 32

   2. Mobilität der Arbeit .................................................................................... 32

   3. Mobilität des Kapitals ................................................................................ 34

   4. Diversifikation der Wirtschaft ..................................................................... 35

   5. Offenheit der Wirtschaft ............................................................................. 37

IV. Diskussion .................................................................................................... 40

1. Schlussfolgerungen .................................................................................................40

2. Weiterführendes...................................................................................................41

V. Anhänge .................................................................................................................42

1. Glossar .................................................................................................................42

2. Vollständige Datentabellen.................................................................................44

   2.1 Arbeitsmobilität..............................................................................................44

   2.2 Kapitalmobilität...............................................................................................47

   2.3 Diversifikation .................................................................................................48

   2.4 Offenheit..........................................................................................................49

3. Abbildungs- und Tabellenverzeichnis.................................................................51

4. Literaturverzeichnis..............................................................................................52

# I. Einleitung

> „Der Euro war eine große wirtschaftspolitische Fehlentscheidung – jetzt gilt
> es, zu retten, was noch zu retten ist. *[...]* Der Euro hat sich eben nicht als
> Wohlstandsmaschine, sondern als Wohlstandsvernichtungsmaschine er-
> wiesen. In mehr als der Hälfte aller Mitgliedsländer der Währungsunion
> liegt die Wirtschaftsleistung heute unter dem Niveau des Jahres 2007. Die
> europäischen Staaten mit einer eigenen Währung dagegen stehen heute
> alle besser da als damals." (Schieritz, 2015)

Solche und ähnliche Artikel und Schlagzeilen tauchen im Zusammenhang mit der Einheitswährung Euro immer wieder auf. Sei es im Zusammenhang mit Zahlungsschwierigkeiten gewisser Mitgliedsländer oder bezogen auf konjunkturelle Entwicklungen innerhalb und ausserhalb des Euro; die Frage danach, ob dieser Zankapfel diverser europäischer und internationaler Politiker, Ökonomen und Experten die richtige Entscheidung für Europa war und ist, ist
eine kontroverse Angelegenheit.

## 1. Thematik

Seit ihrer ersten Erwähnung von Robert A. Mundell 1961 wirft die Thematik der optimalen
Währungsräume unter Ökonomen immer wieder Diskussionen auf. In wissenschaftlichen Krei-
sen führt sie zur Veröffentlichung immer neuer, mit aktuellen Erkenntnissen und frischen Ideen
zu alternativen Herangehensweisen gefüllten Texten und Abhandlungen darüber, was Optimalität eines Währungsraumes bedeutet und wie diese erreicht werden kann. Im Hinblick auf
die aktuellen Entwicklungen im Europäischen Währungsraum taucht die Frage nach Optimalität auch vermehrt bezogen auf die Praxis auf. Der Euro als europäische Gemeinschaftswährung wird zunehmend hinterfragt. Mit vielen Emotionen und einiger Voreingenommenheit gegen die Fixierung der monetären Politik von mittlerweile 19 Staaten der Europäischen Union
wird hinter der Kulisse darüber gestritten, wie optimal der Europäische Währungsraum wirklich
ist. Hinter der publikumswirksamen Herangehensweise[1] einiger Politiker und Interessensgrup-
pen steckt die Frage danach, wie geeignet die verschiedenen Mitgliedsländer der Einheitswährung Euro für einen gemeinsamen Währungsraum sind, beziehungsweise ob letzterer die
optimale Grösse besitzt.

## 2. Zielsetzung und Fragestellung

Das Ziel dieser Arbeit soll sein, die Frage nach Optimalität bei Währungsräumen bezogen auf
den europäischen Währungsraum zu beantworten. Dies bedeutet im vorliegenden Fall, zu be-
urteilen, welche makroökonomischen Eigenschaften die verschiedenen Teilstaaten des Euroraumes kennzeichnen, die einen Einfluss auf die Dynamik des fixierten monetären Gebildes
haben können. Dies wird nicht primär ein Entscheiden zwischen „geeignet für den Euro" und
„ungeeignet für den Euro", sondern vielmehr eine Frage von besseren oder weniger guten
Voraussetzungen für das Übernehmen der Einheitswährung sein.

> ➢ Welche methodischen Möglichkeiten zur Messung der Optimalität eines Währungsraumes wer-
>   den in der Theorie der optimalen Währungsräume vorgeschlagen?
> ➢ Erfüllen die Länder des Europäischen Währungsraumes die erarbeiteten Kriterien?

---

[1] Wie beispielsweise von (Mann, 2012) kritisiert.

Der Rahmen dieser Arbeit wird es nicht erlauben, einen Aufbau der Grundlagen und Theorien, die die Optimalität in Währungsräumen beschreiben, vorzunehmen, da dieser durch eine erhöhte Komplexität der Auseinandersetzung mit volkswirtschaftlichen Zusammenhängen erfordern würde. Aus diesen Gründen wird für die theoretische Grundlage der vorgelegten Analysen auf bereits bestehende und breit akzeptierte Modelle renommierter Ökonomen zurückgegriffen. Die dort beschriebenen Zusammenhänge wiederum, werden durch empirische Kriterien am konkreten Beispiel bemessen, wobei ein möglichst genaues Bild der Situation geschaffen werden soll, ohne zu behaupten, die vorgelegten Kriterien beschrieben die dem Modell entnommenen Folgerungen vollständig. Bei der Anwendung auf den Europäischen Wirtschafts- und Währungsraum werden zudem keine geschichtlichen Aspekte der Bildung der Gemeinschaftswährung Euro behandelt.

## 3. Methodik und Ablauf

In einem ersten, theoretischen Teil sollen die Modelle zu optimalen Währungsräumen von Mundell, McKinnon und Kenen untersucht und dabei darauf geschlossen werden, welche Eigenschaften eine Währungsunion optimal machen. Dabei wird auch darauf eingegangen, wie die herauskristallisierten Kriterien bei den Teilstaaten der Europäischen Währungsunion gemessen werden können. Dies dient wie im vorherigen Abschnitt beschrieben dazu, im empirischen Teil Aussagen darüber zu machen, wie geeignet der Einschluss der betreffenden Staaten in den Währungsraum ist. Es wird dabei die Richtigkeit der Modelle nicht angezweifelt, welche in der Literatur teilweise kritisch hinterfragt werden (Priewe, 2007), da aufgrund der Möglichkeiten dieser Arbeit davon ausgegangen werden muss, dass diese gegeben ist. Ausser der Bedeutung für die Wahl der Teilnehmer einer Einheitswährung wird jeweils auch die Definition von Optimalität, sowie der des Währungsraumes analysiert und verglichen. Innerhalb der gesamten Argumentation werden, ebenfalls rahmenbedingt, gewisse Begriffe der Volkswirtschaft nicht mehr genauer definiert, die Kenntnis der jeweiligen Bedeutung vorausgesetzt.

Im darauf folgenden, empirisch-praktischen Teil werden mithilfe der zuvor etablierten Methoden makroökonomische Daten der Euro-Staaten miteinander verglichen und daraus darauf geschlossen, was das jeweils für die Grösse des gesamten Währungsraumes beziehungsweise das Verbleiben eines Landes in einem theoretisch optimalisierten Euroraum heisst.

Der Diskussionsteil soll dazu dienen, die gewonnenen Erkenntnisse zusammenzufassen und die Frage nach der Optimalität der Eurozone zu beantworten, was bedeutet, abschliessende Aussagen zu dessen Grösse und Konsistenz zu machen. Weiter folgen auch ein Ausblick auf andere Herangehensweisen an die Thematik beziehungsweise weitere Möglichkeiten zur Untersuchung der Themenstellung mit der vorgelegten Methodik.

# II. Theorie der optimalen Währungsräume

## 1. Kosten und Nutzen einer Einheitswährung

Die Einführung einer Einheitswährung beziehungsweise die Fixierung zweier oder mehrerer Währungen gegeneinander ist mit gewissen Kosten verbunden und liefert einen bestimmten Nutzen. Das Hauptziel der Theorie der optimalen Währungsräume ist es dabei, Eigenschaften von Volkswirtschaften zu nennen, die entweder die Kosten einer Einheitswährung senken oder deren Nutzen vergrössern (Mankiw & Taylor, 2008). Um die generelle Motivation aufzuzeigen, ein System fixierter Wechselkurse gegenüber einem flexiblen Wechselkurs vorzuziehen und die Argumente, die dagegen sprechen zu erfassen, werden im Folgenden einige dieser Nutzen und Kosten genannt.

### 1.1 Nutzen des Effizienz- und Stabilitätsgewinns

Ein gewichtiger Vorteil eines fixierten gegenüber einem flexiblen Wechselkurses ist eine bedeutende Steigerung der Effizienz im zwischenstaatlichen Handel. Ausgegangen davon, dass die volkswirtschaftlichen Bedingungen für eine Gemeinschaftswährung stimmen[2], macht es keinen Sinn, innerhalb einer Zone integrierten Handels viele Währungen beizubehalten, da eine immense Ineffektivität bezüglich Transaktionskosten besteht (Mundell, 1961). Der ständige Umtausch der nationalen in fremde Währung ist mit Gebühren belegt und vermindert somit den Vorteil der Handelsparteien (Mankiw & Taylor, 2008).

Aufgrund von besserer Preistransparenz in einem System einer Einheitswährung kann es zu einer Effizienzsteigerung durch geringere regionale Preisdifferenzen kommen. Bis zu welchem Grad die Einführung einer Gemeinschaftswährung jedoch zu mehr Arbitrage[3] und somit zur Konvergenz der Preise innerhalb des Währungsraumes führt, ist umstritten. Es ist anzunehmen, dass vor allem im Bereich von Gebrauchsgütern immer noch gewisse Preisunterschiede bestehen bleiben, da eventuelle Einsparungen zusätzlich anfallende Transportkosten nicht übertreffen (Mankiw & Taylor, 2008).

Ein Nutzen bezogen auf die Steigerung der Stabilität ist das Wegfallen von Wechselkursschwankungen und den damit verbundenen Risiken und Unsicherheiten. Durch eine Einheitswährung kann die Gefahr eliminiert werden, durch einen sich stark verändernden Wechselkurs zweier Währungen erhebliche Verluste in einem Handel zu realisieren. Wie nachfolgend besprochen[4], kann zwar ein Termingeschäft dieselbe Absicherung bewirken, jedoch werden in diesem Fall Gebühren anfallen. Das Wegfallen eines Wechselkursrisikos kann sich auch positiv auf die Bereitschaft von Kapitalgebern auswirken, zu investieren, wie im Unterkapitel 2.3.3 näher erläutert wird. Eine Vergrösserung des Investitionsvolumens wirkt sich in der Folge positiv auf das Wachstum im Währungsraum aus (Mankiw & Taylor, 2008).

Mundell (1961) erwähnt einen weiteren Vorteil eines grossen Währungsraumes verglichen zu mehreren kleineren; eine Steigerung der Liquidität der betreffenden Währung. Oft wird dieser Nutzen ausser Acht gelassen (Priewe, 2007), kann aber, abgewogen gegen die Kosten, die durch einen grossen Währungsraum entstehen, als ein Werkzeug zur Bestimmung der optimalen Grösse verwendet werden. Im Rahmen dieser Arbeit wird das Argument der Liquidität und ihrer Vorteile nicht behandelt.

### 1.2 Kosten des Verlusts von Ausgleichsmechanismen

Eine Gemeinschaftswährung verursacht bei der Einführung kurzfristige, einmalig auftretende, übergangsbedingte Auslagen sowie langfristige Kosten. Der grösste und bedeutendste Teil

---

[2] Dieser Zustand tritt gemäss der Theorie der optimalen Währungsräume dann ein, wenn die, teilweise nachfolgend erarbeiteten, Kriterien der Optimalität erfüllt werden.
[3] Definition im Glossar
[4] Siehe Kapitel 2.3.6

Letzterer wird durch den Wegfall der individuellen Geldpolitik beziehungsweise der Beeinflussung des Wechselkurses als Ausgleichs- und Anpassungsinstrument ausgemacht. Da in einem einzigen Währungsraum nur eine einzige Zinsstruktur herrschen kann und ungleichmässig wirkende Veränderungen der Nachfrage, Konjunktur, et cetera innerhalb dieses Raumes nicht automatisch durch eine angebots- und nachfragebedingte Veränderung des Wechselkurses vorgenommen werden, geschieht ein Ausgleich durch die Anpassung von Beschäftigung und Preisen, wie nachfolgend detaillierter erläutert wird (Mankiw & Taylor, 2008).

## 2. Robert A. Mundell

Robert Alexander Mundell ist ein amerikanischer Ökonom und revolutionärer Vordenker im Bereich der Theorie der optimalen Währungsräume sowie anderen makroökonomischen Gebieten. Er ist Professor für Wirtschaftswissenschaften an der Columbia University in New York und arbeitet seit 1961 auch für den Internationalen Währungsfonds. 1970 war er Berater des Währungsausschusses der Europäischen Wirtschaftskommission und 1972 – 1973 Mitglied des Komitees, das in Brüssel einen Bericht zur europäischen Währungsunion erstellte. Er veröffentlichte zahlreiche Werke über die Theorie der internationalen Wirtschaft und Währungstheorie und gilt als Pionier der Theorie der Geld- und Fiskalpolitik. Seine Publikationen gelten als massgebend für die wissenschaftliche Auseinandersetzung mit dem internationalen Währungssystem, und ihm wird eine bedeutende Rolle in der Gründung des Euro zugewiesen. 1999 wurde seine Arbeit mit dem Nobelpreis in Wirtschaftswissenschaften ausgezeichnet (Mundell, 2016), (Mundell, 2014).

### 2.1 Begriff der Optimalität

Die Umstände unter denen Robert Mundells Definition von Optimalität oder dem optimalen Währungsraum[5] entstand, waren die, dass bisher der politische Raum der Nation auch den Raum einer einzigen nationalen Währung bestimmte[6]. Die bahnbrechende Neuheit an Mundells Überlegungen waren nun also die Zweifel daran, ob dieser nationale Währungsraum immer mit dem optimalen, also bestmöglichen, Währungsraum kongruent sei. Optimal heisst in diesem Zusammenhang von grösstmöglichem wirtschaftlichem Vorteil. Dies, so führt Mundell aus, bedeutet einerseits, dass die Beschäftigung möglichst hoch ist und dabei die Inflation möglichst tief bleibt und anderseits, dass der Handel zwischen zwei Gebieten mit unterschiedlichen Währungen optimal verlaufen kann. Letzteres hänge vor allem von der wirtschaftlichen Integration dieser Gebiete ab und da sich diese laufend und in verschiedenen Teilen der Erde verändere, müsse die Grösse von Währungsräumen nicht nur in der akademisch – theoretischen Auseinandersetzung betrachtet und diskutiert werden, sondern nehme auch in der Anwendung auf die Praxis eine äusserst wichtige Rolle ein (Mundell, 1961).

### 2.2 Hauptargumentation

Mundell skizziert in seiner Abhandlung zwei verschiedene Situationen, an denen er die weitere Argumentation aufhängt:

In der ersten geht er von zwei verschiedenen Ländern oder Regionen A und B aus, die beide über eine ausgeglichene Zahlungsbilanz und Vollbeschäftigung verfügen. Er gibt diesen zuerst zwei verschiedene, nationale Währungen und geht weiter davon aus, dass die Währungsbehörden in beiden Gebieten versuchen, Inflation zu verhindern, während Nominallöhne und –

---

[5] Definition im Glossar
[6] Es gab zu diesem Zeitpunkt bereits Experimente mit Einheitswährungen wie beispielsweise die lateinische Münzunion (Guzzi-Heeb, 2007) oder die Skandinavische Münzunion (Berthold, Braun, & Coban, 2014), die jedoch nicht auf der Theorie der optimalen Währungsräume basierten, sondern aus anderen Gründen erstellt wurden.

preise nicht in einem kurzen Zeitraum verringert werden können, ohne dass dies Arbeitslosigkeit verursacht. Nun wird dieses Gefüge jedoch mit einem asymmetrischen Nachfrageschock[7] in Form eines Anstieges der Nachfrage nach Produkten des Landes A im Gegensatz zu denen des Landes B konfrontiert. Dies hat einerseits inflationäre Tendenzen in A und andererseits Arbeitslosigkeit in B zur Folge. Die Regierung in A wird versuchen, durch Anheben der Zinsen den Preisanstiegen entgegenzuwirken, was aber wiederum den Druck, sich anzupassen, auf B erhöht. Solange dies möglich ist, wird B versuchen seine Preise zu senken, wird aber, sobald Letzteres nicht mehr möglich ist, seine Produktion und somit auch seine Beschäftigung anpassen müssen. Nach der Mundellschen Argumentation führen also Überschussregionen, die in einem Regime nationaler Währungen einen Preisanstieg verhindern, zu rezessiven Tendenzen in den übrigen Ländern (Mundell, 1961).

Anschliessend weist Mundell den beiden Gebieten eine gemeinsame Währung zu und nimmt zudem an, dass die Regierungen nun die Vollbeschäftigung anstreben. Dies unter dem Einfluss desselben, zuvor geschilderten, asymmetrischen Nachfrageschocks. Wiederum herrscht in A die Tendenz zur Inflation und in B die Tendenz zu Arbeitslosigkeit. Die gemeinsamen Behörden vergrössern die Geldmenge, um dem entgegenzuwirken und verursachen damit noch höheren inflationären Druck in A. Die Lösung zu diesem Problem wäre laut Mundell das Anheben der Preise in A, um so die Terms of Trade[8] für B zu verbessern. Das Festhalten an Vollbeschäftigung führt im umschriebenen Währungsraum also zu inflationären Tendenzen (Mundell, 1961).

Im Allgemeinen, so Mundell, hängt die Beschäftigung in einem System flexibler Wechselkurse davon ab, inwiefern Überschussregionen zu Inflation bereit sind. In einem System mehrerer Regionen mit einer Gemeinschaftswährung hängt aber die Inflation in Überschussregionen davon ab, wie weit die gemeinsame Administration Arbeitslosigkeit in den schwächeren Regionen zulässt. Er schliesst die erste Situation mit der Aussage, dass keines der beiden geschilderten Regime Inflation und Arbeitslosigkeit gleichzeitig verhindern können, was daran liege, dass die Welt kein optimaler Währungsraum sei (Mundell, 1961).

Die zweite Situation definiert Mundell unter den gleichen Bedingungen wie das Gefüge in Situation eins, also sowohl mit einer ausgeglichenen Zahlungsbilanz als auch mit Vollbeschäftigung. Bezüglich Räumen besteht das Modell in dieser Situation aus den zwei Ländern USA und Kanada, wobei diese noch je in eine Ost- und Westregion unterteilt sind. Der US-Dollar soll relativ zum Kanadischen Dollar fluktuieren können. Die länderübergreifenden Regionen produzieren jeweils ein homogenes Gut, dessen Angebot und Nachfrage gekoppelt sind[9]. Diese Länder und Regionen werden wieder einem Nachfrageschock ausgesetzt, der sich dieses Mal als eine Verschiebung der Konsumentenpräferenz für das Produkt der Westregion äussert. Dies bringt die Obrigkeiten der beiden Nationen in die Lage, in der sie die Geldmenge vergrössern müssten, um der Arbeitslosigkeit im Osten vorzubeugen jedoch die Inflation im Westen mit einer Verkleinerung der Geldmenge bekämpft werden müsste. Dabei würde sich der Wechselkurs zwischen den Nationen so ändern, dass ein Gleichgewicht der nationalen Bilanzen gewährt bliebe. Wie in der ersten Situation kann nicht den Problemen beider Regionen vollständig abgeholfen werden. Daraus folgert Mundell, dass der flexible Wechselkurs zwischen den beiden Ländern zwar die internationale Zahlungsbilanz ausgleichen würde, aber nicht die interregionale (Mundell, 1961).

Mundell spricht sich damit nicht gegen flexible Wechselkurse aus, sondern macht vielmehr darauf aufmerksam, dass diese im gegebenen zweiten Beispiel auf nationaler Ebene nicht die beste Lösung wären. Wenn nun aber ein West- und ein Ostdollar eingeführt werden würden, hiesse das, dass die Zahlungsbilanz zwischen den beiden Regionen, im Gegensatz zur obigen

---

[7] Definition im Glossar
[8] Definition im Glossar
[9] Ein Anstieg in der Produktion des einen Gutes bewirkt ein Überangebot dessen und eine übermässige Nachfrage des Produkts der anderen Region.

Schilderung, durch Anpassungen im Wechselkurs ausgeglichen werden würden. Dies hätte schliesslich stabile Preise im Westen sowie tiefe Arbeitslosigkeit im Osten zur Folge. Mundell kommt hier also zu folgendem Schluss:

*„The optimum currency area is the region."* (Mundell, 1961)

In einem Versuch einen praktischen Bezug zu erörtern, beschreibt Mundell schliesslich (1961), dass eine hohe Mobilität der Arbeit sowie des Kapitals[10] die „Grundzutat"[11] für eine gemeinsame Währung sei. Er stützt sich dabei auch auf die Ausführungen von (Meade, 1957) und (Scitovsky, 1958), die sich zwar uneinig darüber sind, inwiefern eine solche Faktormobilität in der Realität überhaupt vorhanden ist, aber einer solchen beide eine zentrale Rolle in der Umsetzung einer Währungsunion zuweisen.

### 2.3 Folgerungen für die empirische Herleitung und Anwendung der Faktormobilität

#### 2.3.1 Bedeutung für Währungsräume

Mundell (1961) beweist, dass nur eine Region ein optimaler Währungsraum sein kann, wobei Region durch innere Faktormobilität und äussere Faktorimmobilität gekennzeichnet ist. Für den Europäischen Währungsraum hiesse dies folglich, er wäre kongruent mit einem optimalen Währungsraum, sofern ein hoher Grad an innerer Faktormobilität gegeben ist. Dies bedeutet, dass aufgrund einer Untersuchung der Ausprägung der inneren Faktormobilität anschliessend Aussagen zur Optimalität der Eurozone als gemeinsamer Währungsraum mehrerer Nationen gemacht werden kann.

#### 2.3.2 Das empirische Kriterium der Arbeitsmobilität

Das Hauptkriterium Mundells für das Erreichen des grösstmöglichen Nutzens eines Regimes fixer Wechselkurse beziehungsweise einer Währungsunion mit einer gemeinsamen Währung zwischen mehreren Regionen, der Zustand grösstmöglicher Faktormobilität, kann in der empirischen Untersuchung eines konkreten Beispiels unterschiedlich gemessen und verglichen werden.

Mobilität der Arbeit bedeutet einerseits, dass sich Arbeitnehmer geographisch verschieben können und so eine Anstellung an einem anderen Ort annehmen, andererseits auch das Wechseln in eine andere Branche oder Art von Beruf (Long & Ferrie, 2006). Für die Untersuchung von Währungsregimen ist nur das Erstere entscheidend und vor allem dann, wenn die Verschiebung über die Grenzen eines Währungsraumes geschieht. Diese Mobilität kann dadurch gemessen werden, dass man die Position eines Arbeitenden an zwei Punkten in der Zeit misst, also Migrationsdaten interpretiert oder aber die restriktiven Faktoren misst und einordnet. Im letzteren Fall wird angenommen, dass verschiedene, durch Institutionen oder kulturell induzierte Barrieren die Bewegungsfreiheit der Arbeit beeinträchtigen. Ist es beispielsweise schwierig, die Aufenthalts- und Arbeitsbewilligung für ein bestimmtes Zielland zu erlangen, dämpft dies, trotz eventuell vorhandenen, Anreizeffekten wie höheren Reallöhnen, den Strom der Arbeit in dieses Land. In vielen Fällen sind sogar Bestrebungen der jeweiligen Zielländer nachgewiesen, das Volumen der Immigration entweder auf dem gleichen Niveau zu halten oder es zu verkleinern (Epstein & Gang, 2010, S. 18). Des Weiteren können kulturelle Hindernisse wie die Sprache die ungehemmte Bewegung der Arbeitskräfte beeinträchtigen, da diese intrinsisch von der Migration in ein anderes, ungewohntes kulturelles Umfeld abgehalten werden (Epstein & Gang, 2010, S. 10-11).

Die Messung und Interpretation von Restriktionsfaktoren der Arbeitsmobilität verschiedener, individueller Art erweist sich als äusserst komplex und durch viele verschiedene Einflussfaktoren geprägt. Diese Faktoren können je nach Situation, also beispielsweise Kombination von Ursprungs- und Zielland oder Zusammensetzung der migrierenden Bevölkerungsgruppen,

---

[10] Definition im Glossar
[11] Übersetzung: Ruben Ernst

stark variieren und werden deshalb in dieser Arbeit bewusst weniger in den Fokus gerückt. Um einen vereinfachten und verallgemeinerten Zusammenhang zwischen äusseren Faktoren und Arbeitsmobilität zu untersuchen kann aber ein vereinfachtes Modell aus Produktion, Arbeit und Reallöhnen herangezogen werden (Krugman & Obstfeld, Internationale Wirtschaft, 2006, S. 207-213).

Die Situation sei die folgende: es existieren nur zwei Länder, die beide nur ein und dasselbe Gut produzieren und die einzigen Produktionsfaktoren seien ein mobiler, die Arbeit, und ein immobiler, der Boden. Aufgrund dieser Situation kann Integration nur durch die Bewegung von Arbeit geschehen.

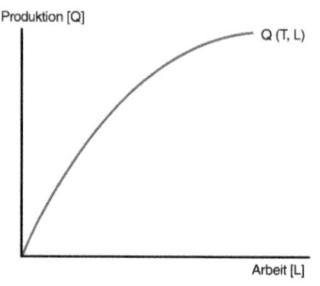

Abbildung 2: Imaginäre Produktionsfunktion.

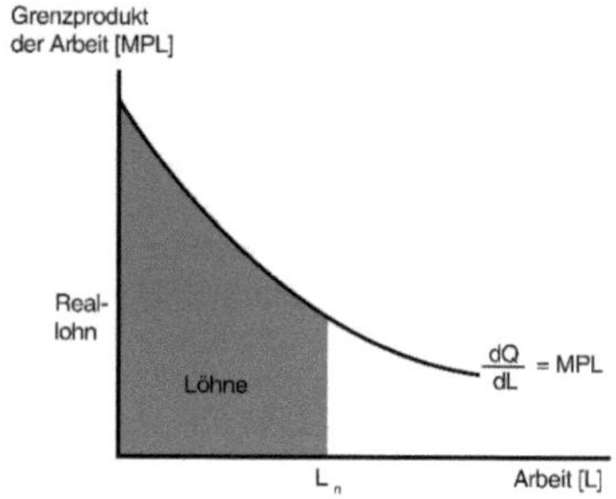

Abbildung 1: Grenzprodukt der Arbeit.

Die Produktionsfunktion (Abb. 1), bei der die Menge des Bodens konstant ist, flacht für ein steigendes Arbeitsangebot zunehmend ab, da angenommen wird, dass bei einer konstanten Bodenfläche die Produktion mit zunehmender Arbeiterzahl ineffizienter wird. Die erste Ableitung der Funktion, also das Grenzprodukt der Arbeit (Abb. 2), zeigt auf, wie die Produktion durch den Einsatz einer zusätzlichen Einheit Arbeit gesteigert werden kann. Die Fläche unter dieser Kurve, also die Aufleitung, drückt, per definitionem, das Gesamtprodukt des betreffenden Landes aus. Der blau markierte Teil zeigt dabei die Gesamtheit der verdienten Löhne der Arbeitnehmer, also das Produkt aus dem Reallohnsatz und der Anzahl Arbeiter (bei Beschäftigung $L_n$), der graue Teil hingegen den Verdienst der Unternehmer.

Für ein steigendes Arbeitsangebot im ersten Land bedeutet der Verlauf des Grenzproduktes tiefere Löhne für die Arbeiter bei höherem Ertrag für Grundbesitzer bzw. Unternehmer. Diese Begebenheiten führen dann folglich auch zum Bestreben beider Parteien, Produktionsfaktoren zu verschieben. Das heisst, die Arbeitnehmer würden gerne im anderen Land arbeiten, da sie dort mehr verdienen würden, und für die Arbeitgeber aus dem zweiten Land wäre es ein Vorteil, ihren Boden ins erste Land zu verschieben, da sie dort höhere Gewinne erzielen. Gemäss unserem Modell ist letzteres freilich nicht möglich und so wird die Mobilität des Faktors Arbeit hervorgerufen.

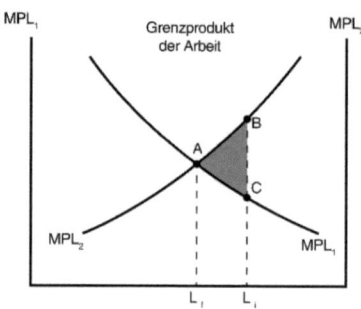

Abbildung 3: Einpendeln der Arbeitsmigration

7

Um die daraus entstehende Situation etwas genauer anschauen zu können, werden in der Abbildung 3 die Grenzprodukte beider Länder übereinander gelegt. Die anfängliche Beschäftigungssituation[12] $L_i$ bedeutet einen tieferen Reallohn in Land eins (Punkt C) und einen höheren in Land zwei (Punkt B). Die Arbeiter aus Land eins migrieren nach dem Modell also so lange in das Land zwei, bis die Beschäftigungssituation[13] $L_f$ eintritt. Dies wiederum heisst, dass der Reallohn in beiden Ländern gleich ist (Punkt A) und nicht mehr länger ein Anreiz zur Migration besteht. Das Modell geht dabei davon aus, dass keinerlei migrationsdämpfende Faktoren den Ausgleich stören.

Als Kriterium, das unabhängig von restriktiven Faktoren gemessen wird, kann am besten die Messung der bereits genannten geographischen Verschiebung von Arbeitskräften herangezogen werden. Als empirische Grundlage bieten sich Migrationszahlen, also Messwerte der Ein- und Auswanderung in oder aus einem bestimmten Land an. Um diese Werte in einen aussagekräftigen Vergleich einzubinden, müssen sie erst in ein Verhältnis mit der Gesamtbevölkerungszahl des untersuchten Landes gebracht werden. Um die Untersuchung der Migration dann noch zu verfeinern, könnte man die Bevölkerungsströme noch zusätzlich in Gruppen unterteilen, also zwischen Altersgruppen oder Geschlechtern unterscheiden. Ersteres hätte zwar einen Einfluss auf die gesuchte Aussage der empirischen Analyse, aufgrund des beschränkten Rahmens dieser Arbeit werden aber nur Gesamtmigrationszahlen verglichen.

### 2.3.3 Das empirische Kriterium der Kapitalmobilität

Der exakte Grad von erforderter Kapitalmobilität wird weder von (Mundell, 1961) noch von (Scitovsky, 1958) genau definiert, wobei er jedoch in den Augen beider als wichtiger Teil einer Gemeinschaftswährung gilt. Obwohl Letzterer davon ausgeht, dass von den besprochenen Faktoren nur die Arbeit eine erhöhte Mobilität aufweisen sollte, und dass Standortunabhängigkeit in Bezug auf das Kapital von dem Währungszusammenschluss selbst induziert werde, verändert dies nichts daran, dass so angenommen werden kann, durch die Analyse der Kapitalmobilität bei Eurostaaten seien Aussagen bezüglich des Währungsraumes zu machen. Um zu erörtern, wie ortsgebunden das Kapital in der Eurozone ist, muss zuerst geklärt werden, wieso überhaupt ein Anreiz besteht, Kapital zu verschieben[14].

Im Grundsatz wird davon ausgegangen, dass Inhaber von Kapital dieses möglichst so investieren wollen, dass die Renditen, die sie aus diesen Anlagen erhalten, möglichst gross sind (Beck, 2015, S. 355). Diese Investitionen können unter gewissen Umständen aber nicht nur national, sondern auch über Landesgrenzen hinaus geschehen. Inwiefern dies geschieht, wird vor allem davon bestimmt, ob ein Nettonutzen entsteht. Mögliche Renditensteigerungen müssen also immer Kosten aus beispielsweise Wechselkursveränderungen[15] (Tesar & Werner, 1992, S. 6-7) oder staatlichen Gebühren und Restriktionswerkzeugen gegenübergestellt werden. Eine gewisse Aversion gegen diese Risiken, die mit Investitionen im Ausland einhergehen[16], kann zur Einschränkung internationaler Kapitalbewegungen führen, selbst wenn die Angst des Investors unbegründet ist (Feldstein & Horioka, 1980, S. 316).

---

[12] Land$_1$: die Beschäftigung entspricht der Distanz vom linken Ursprung des Graphen zu $L_i$, Land$_2$: die Beschäftigung entspricht der Distanz zwischen dem rechen Ursprung des Graphen und $L_i$, die gesamte Arbeit beider Länder entspricht der Distanz zwischen dem linken und dem rechten Ursprung des Funktionsgraphen.

[13] Erklärung analog zur Beschäftigungssituation $L_i$

[14] Mit bewegen oder verschieben ist in diesem Zusammenhang die Änderung des geographischen Standorts des Kapitals bzw. des materiellen Vermögenswertes über Nationengrenzen gemeint.

[15] Davon ausgegangen, dass in einem anderen Währungsraum investiert wird.

[16] Bei längerfristigen Investments vor allem auch unvorhersehbare Änderungen dieser politischen Umstände.

Um die grundlegende Motivation der Kapitalmobilität darzustellen, kann ein einfaches Modell aufgestellt werden (Duffie & Strulovici, 2012):
Es wird angenommen, es existieren zwei Länder, die sich wirtschaftlich bis auf die Menge an investiertem Kapital völlig gleich sind. Des Weiteren sollen keinerlei Barrieren das Verschieben von Kapital vom einen ins andere Land behindern. Eine weitere Gegebenheit soll der umgekehrt proportionale Zusammenhang zwischen dem investierten Kapital und den zu erzielenden

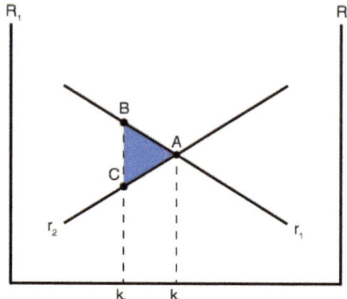

Abbildung 4: Zusammenhang zwischen Investitionen und Renditen

Renditen sein; je mehr Kapital also in das zweite Land investiert ist, desto tiefer sind die dort zu erzielenden Renditen und desto höher sind sie im ersten Land. Wenn (gemäss Abbildung 4) also in Land zwei mehr Kapital investiert ist ($k_i$[17]), entstehen Unterschiede in der Rentabilität in einer Weise, dass das Land eins für Investoren attraktiver wird, als Land zwei. Dies ist im direkten Vergleich der Renditen (Punkt B gegenüber Punkt C) auch graphisch sichtbar. Wenn man nun vom bereits umschriebenen, grundsätzlichen Verhaltensmodell der Renditenoptimierung ausgeht, wird in der Situation $k_i$ so lange Kapital in das Land eins fliessen, wie eine Differenz zwischen beiden Renditen besteht, und somit in die Gleichgewichtssituation ($k_f$[18]), in der die Renditen in Land eins und zwei gleich hoch sind, überleiten.

### 2.3.4 Kapitalmobilität nach dem Feldstein-Horioka-Ansatz

Mit der Quantifizierung des Kriteriums der Kapitalmobilität haben sich bereits einige Ökonomen auseinandergesetzt, und eine Herangehensweise, die oft wegen ihrer einfachen Natur gelobt und angewendet wird, ist der Feldstein-Horioka-Ansatz. Martin Feldstein und Charles Horioka haben sich mit der Frage auseinandergesetzt, wie stark und nach welchen Mustern Kapital international fliesst und im der Folge einige Überlegungen zu internationalen Investitionen angestellt. Die Untersuchungen sollten auch Ergebnisse dazu liefern, wie die optimale Sparrate für ein Land ermittelt werden kann und so wird vorerst das bereits geschilderte Modell etwas differenziert, in dem zu den vereinfachten Umständen der Einfluss von Steuern auf Kapitalerträge in die Überlegungen mit einbezogen wird. Diese Ausführungen sind zwar so formuliert, dass sie die Ermittlung der besten Sparquote in den Augen einer Regierung darlegen, sind aber auch für die Thematik der Währungsräume entscheidend, da sich das politische Umfeld, wie bereits begründet, auf die Wahl zwischen nationalem und internationalem Investieren auswirken wird. Aufgrund des eingeschränkten Rahmens dieser Arbeit wird an dieser Stelle nicht vertieft darauf eingegangen, welche steuerpolitischen Gründe und Schlüsse hinter den Entscheidungen der jeweiligen Regierungen stehen, sondern nur die Folgen solcher Entschlüsse auf die Bewegungen des Kapitals betrachtet.

---

[17] Die Distanz zwischen dem linken Ursprung und dem Punkt $r_i$ beschreibt die Menge an investiertem Kapital in Land eins, die Distanz zwischen dem rechten Ursprung und $r_i$ die Investitionen in Land zwei.
[18] Aufschlüsselung analog zu $r_i$.

In einem Modell soll anstatt einer Nation mit geschlossener Wirtschaft die vollständige Mobilität des Kapitals angenommen werden. Die Steuertheorie besagt, dass bei einer Erhöhung der Steuern den Arbeitgebern die Möglichkeit der Kapitalflucht gegeben ist. Ein grosser Teil der zusätzlichen Steuerlast fällt auf ausländische Investoren sowie nationale Arbeitnehmer, da diesen, durch die Möglichkeit der Kapitalflucht für Arbeitgeber, das Mittel der Verschiebung gewisser Steuerlasten auf heimische Inhaber von Kapital durch eine Verringerung des Arbeitsangebotes entfällt (Feldstein & Horioka, 1980). Schlussendlich bedeutet dies jedoch nur wieder, dass flüssiges Kapital sich sowohl kurzfristig als auch über längere Zeiträume so verteilen wird, dass Unterschiede in den Renditen, bei geschlossener Wirtschaft brutto[19] und bei offener nach Steuerabzügen, arbitriert werden. Wenn die Bewegung von Kapital also immer durch die Suche nach den höchsten Renditen bestimmt werden würde, hiesse dies, dass ein Ansteigen des nationalen Sparens nicht mit einer Vergrösserung der nationalen Investitionen verbunden ist; das zusätzliche Sparkapital würde, aufgrund der vollständigen Mobilität, dorthin ins Ausland abfliessen, wo der Verdienst für den Kapitaleigner am höchsten ausfiele. Umgekehrt würde auch internationales Sparkapital nicht korreliert mit internationalen Sparquoten ungehindert national investiert, oder zumindest teilweise, gerade so, wie es die nationalen Investitionsmöglichkeiten erlauben. Auf eine empirische Untersuchung würde dies bedeuten, dass eine fehlende Korrelation zwischen nationalem Sparen und nationalen Investitionen auf vollständige Kapitalmobilität hinweisen würde. Um diesen Zusammenhang zu untersuchen, wird im empirischen Teil dieser Arbeit dieser Sachverhalt anhand der folgenden Gleichung, die von (Feldstein & Horioka, 1980) auch zu diesem Zweck aufgestellt wurde, untersucht:

$$\left(\frac{I}{Y}\right)_g = \alpha + \beta \left(\frac{S}{Y}\right)_g \qquad [1.1]$$

Es wird darin das Verhältnis $(I/Y)_i$, das die nationalen Investitionen dem Bruttoinlandsprodukt (BIP) gegenüberstellt und das Verhältnis $(S/Y)_i$, das das nationale Sparen mit dem BIP relativiert, gegenübergestellt. Auf diese Weise bildet $\beta$ den Korrelationsfaktor, der im Anschluss Aussagen dazu ermöglicht, wie hoch die Kapitalmobilität zwischen diesem Land und der restlichen Welt ist. Je weiter entfernt von eins dieser nämlich ist, wenn er auch niemals null sein kann, es sei denn, das betreffende Land sei beliebig klein gegenüber anderen[20], desto weniger korrelieren nationales Sparen und nationale Investitionen, desto höher also ist die Kapitalmobilität. Auf Defizite dieses Modells wird im Abschnitt 1.4.7 genauer eingegangen, jedoch ist an dieser Stelle festzuhalten, dass die Ergebnisse einer Beispieluntersuchung von Feldstein und Horioka keineswegs mit der aufgestellten Hypothese kompatibel war. Aufgrund des Ausgangs dieser Analysen (Feldstein & Horioka, 1980, S. 319 & 321) werden ähnliche Resultate für die Proben aus dem Euroraum erwartet und so an dieser Stelle bereits die Grundlagen für weitere Interpretationsmöglichkeiten etabliert.

Es könnte angenommen werden, dass aufgrund der Tatsache, dass nur die Bruttowerte der jeweiligen Variablen betrachtet und die entwertungsbereinigten Zahlen vollständig ausser Acht gelassen werden, gewisse Aspekte der Thematik nicht genügend beachtet werden. Feldstein und Horioka beachteten aber absichtlich die ersteren Werte; einerseits deshalb, weil es die Bruttoersparnisse sind, die sich prinzipiell über Landesgrenzen hinweg bewegen können und andererseits auch weil häufig auftretende Fehler in der Berechnung der Entwertung die Korrelation von Sparen und Investitionen in zu grossem Masse beeinflussen würde. Ausserdem konnten in Praxistests auch keine signifikanten Unterschiede festgestellt werden. Nach eingehen-

---

[19] In diesem Fall wird angenommen, dass die Steuerlast nicht von Relevanz ist, da für alles Kapital dieselbe Besteuerung gilt.
[20] (Feldstein & Horioka, 1980) konnten beweisen, dass weder die Grösse des untersuchten Landes noch die Wichtigkeit von internationalem Handel für dessen Wirtschaft einen Einfluss auf die Mobilität des Kapitals haben.

der Untersuchung wurden auch keine bedeutenden Fehlerquellen in der Natur der aufgestellten Formel bewiesen, beispielsweise eine nichtlineare Korrelation, und somit kommen vermutlich Einflüsse dritter Variablen auf das Sparen oder die Investitionen, auf welche hier nicht vertieft eingegangen wird, eher in Frage. Neben diversen wirtschaftspolitischen Einflüssen wäre basierend auf der „life-cycle theory of saving" (Ando & Modigliani, 1963) beispielsweise die Wachstumsrate der Bevölkerung eine Variable, die das Sparen in einem Land anwachsen lässt. Wenn man jedoch das Bevölkerungswachstum als zusätzlichen Parameter in die Gleichung [1.1] einbezieht, macht dieser, wenn mit realen Zahlen getestet, keinen bemerkbaren Unterschied im Ausgang der Untersuchung. Als einen weiteren möglichen Einflussfaktor benennen (Feldstein & Horioka, 1980) die Offenheit der untersuchten Wirtschaft, also im Prinzip die Wichtigkeit, die der Handel mit dem Ausland für diese Nation hat. Auch dieser kann jedoch für die vorliegende Thematik als unwichtig betitelt werden, da gezeigt werden konnte, dass die Differenz zwischen Exporten und Importen keine Funktion der Sparquote ist und so in keiner Weise mit der Veränderung der Sparquote, national und international, korreliert.

Der Feldstein-Horioka-Ansatz wird trotz einer erwarteten Inkompatibilität der empirischen Ergebnisse mit der theoretischen Auslegung bzw. einer schwachen Ausbildung von Tendenzen in Richtung des theoretischen Modells der Kapitalmobilität als Methode der Analyse der Euroländer verwendet. Dies wird im Teil „2.4.7 Methodenkritik" erweitert diskutiert, wird aber vor allem deshalb benützt, weil das Modell auf einer für den Rahmen dieser Arbeit geeigneten Argumentationsbasis aufbaut, da in Teilperioden häufig eine niedrigere Korrelation beobachtet werden kann und da die Verfügbarkeit von Daten für die Empirie relativ gut ist.

### 2.3.5 Kapitalmobilität nach Bruttofluss-Ansatz

Basierend auf den bereits zuvor ausgeführten Gedankengängen wird davon ausgegangen, dass bei einer vorherrschenden, vollständigen Kapitalmobilität jegliche Zinsunterschiede durch die Marktteilnehmer arbitriert werden. Die Analyse der Zahlungsbilanz eines Landes lässt gewisse Aussagen zu solchen Kapitalflüssen zu. Die Zahlungsbilanz wird in drei Partitionen unterteilt; die Leistungsbilanz, die Kapitalbilanz und die Devisenbilanz. Die Letztere wird aufgrund einer Vereinfachung als konstant angenommen und so ein Fokus auf die beiden ersteren gelegt. Die Leistungsbilanz bildet den Aussenhandel einer Nation ab, effektiv also die Differenz zwischen den gesamten Güterexporten und den Güterimporten. Die Kapitalbilanz erfasst den Kapitalverkehr dieses Staates; es werden also alle kurz- und langfristigen Kapitalexporte von allen Kapitalimporten abgezogen und man erhält die Nettokapitalimporte (Geigant, Sobotka, & Westphal, 1987). Das Arbitrage-Modell zeigt, dass bei sich ändernden Zinsätzen in einem Land auch dessen Nettokapitalimporte ändern müssen, da, wenn die inländischen Zinssätze über den ausländischen liegen, nationale Einlagen attraktiver werden als fremde. So sinken einerseits die Kapitalexporte und anderseits steigen Kapitalimporte, was zu positiven Nettokapitalimporten führt. Für den umgekehrten Fall gilt das Analoge (Domeratzki, 2010).

Für die empirische Interpretation haben die Nettokapitalflüsse bezogen auf die Kapitalmobilität freilich keine Aussagekraft darüber, wie sich diese quantitativ oder zeitlich ausbildet. Zu diesem Zweck werden die Bruttokapitalflüsse herangezogen. Die grundsätzlich von Feldstein und Horioka (1980), Golub (1990) und anderen bei einer Untersuchung gewisser OECD-Ländern beobachtete Tendenz im Zusammenhang zwischen Netto- und Bruttokapitalflüssen ist die, dass die Bruttoflüsse zwischen den meisten Ländern zwar relativ hoch waren, sich aber jeweils beinahe aufhoben und so die Nettoflüsse relativ klein blieben. Wenn davon ausgegangen wird, dass vollständige Kapitalmobilität herrscht, ist dies kaum verwunderlich, kann man doch davon ausgehen, dass es für einen Sparer in einem Land keine Veranlassung dazu gibt, zwingend in seinem Land zu investieren, vorausgesetzt es existieren keine der bereits zuvor beschriebenen Hindernisse. Zwar ist bei einer Analyse der Nettokapitalflüsse, wie sie Feldstein und Horioka (1980) angestellt haben, die von ihnen vermutete, fehlende Korrelation von nationalem Sparen und nationalen Investitionen zu finden, diese Zahlen zeigen jedoch nicht, welches Kapital wirklich wohin fliesst. Für die Untersuchung der Bruttoflüsse wurde von Golub (1990) ein vereinfachtes Modell zweier Wirtschaften in vollständiger Kapitalmobilität aufgestellt. Er setzt dabei voraus, dass die Transaktionskosten tief sind und die Investoren respektive Kreditgeber nicht ihren Heimatmarkt aus irrationalen Gründen bevorzugen (Home-Bias). Wenn diese Bedingungen erfüllt sind, bedeutet dies, dass effektiv ein einziger, internationaler Kapitalmarkt entstanden ist, was wiederum heisst, dass die Menge an geliehenem Kapital in beiden Ländern jeweils nur von deren Grösse abhängt. Dieser Zustand wird durch die folgenden Gleichungen beschrieben (Golub, 1990):

$$\frac{L_{1\to1}}{B_1} = \frac{L_{1\to2}}{B_2} = s \qquad [1.2]$$

$$\frac{L_{2\to1}}{B_1} = \frac{L_{2\to2}}{B_2} = s - 1 \qquad [1.2']$$

Die Variable $L_{i\to j}$ beschreibt das von Kreditoren i an Debitoren j geliehene Kapital, die Variable $B_1$ respektive $B_2$ das von Debitoren in Land eins bzw. 2 geliehene Kapital. Der Wert s drückt den Anteil des Landes eins am gesamten Investieren bzw. Kreditgeben aus.

Um die Mobilität des Kapitals innerhalb des Europäischen Währungsraumes zu bestimmen und somit Aussagen zu dessen Optimalität zu machen wird in dieser Arbeit nicht auf die Methode der Bruttoflussanalyse zurückgegriffen. Einerseits würde eine Bestimmung der entsprechenden Werte durch eine zu wenig dichte Datenabdeckung erschwert und zudem wäre auch die Interpretation der Ergebnisse nur mittels einer erweiterten Erarbeitung dieses Kriteriums möglich. Für Weiterführendes siehe (Golub, 1990).

### 2.3.6 Kapitalmobilität nach Zinsparitätstests

Um die in Kapitel 1.4.2 beschriebenen Zusammenhänge zwischen der Höhe von zu erwartenden Renditen auf investiertes Kapital und die vorhandene Menge des Letzteren näher zu untersuchen, kann überprüft werden, ob zwischen zwei Währungen Zinsparität herrscht. Zinsparität wird der Zustand der Devisenmärkte genannt, in dem Gleichheit der erwartenden Renditen auf Einlagen zweier Währungen, bewertet in einer der beiden, herrscht. Basierend auf denselben gedanklichen Grundlagen, wie bereits zuvor ausgeführt, nimmt man an, dass in diesem Gleichgewichtszustand vollständige Arbitrage realisiert wird und somit vollkommene Kapitalmobilität besteht. Das beschriebene Equilibrium der Devisenmärkte wirkt dann, wenn folgende Gleichung gilt (Krugman & Obstfeld, Internationale Wirtschaft, 2006):

$$R_1 = R_2 + \frac{E^e_{1/2} - E_{1/2}}{E_{1/2}} \qquad [1.3]$$

Die Renditen der beiden Währungen eins und zwei sind mit den jeweiligen Indizes bezeichnet. Der zweite Summand auf der rechten Seite der Gleichung beschreibt die erwartete Ab- bzw. Aufwertungsrate der ersten Währung gegenüber der Zweiten, wobei $E^e_{1/2}$ den erwarteten und $E_{1/2}$ den aktuellen Wechselkurs beschreibt. Der in [1.3] dargestellte Zusammenhang zwischen erwarteten Wechselkursveränderungen und Rentabilität von Anlagen in der jeweiligen Währung bedeutet in Worte gefasst folgendes: Je grösser die erwartete Abwertung der Währung eins bei fixen Renditen ist, desto unattraktiver bzw. unrentabler werden Einlagen der Währung zwei und umgekehrt. In diesem Fall verändert sich zwar nichts an der Verzinsung, die entstehenden Kosten, die jeweils andere Währung zu erwerben, steigen jedoch mit zunehmender Abwertung. Im Falle, dass die Zinssätze bei einem konstanten Wechselkurs verändern, gilt ein proportionaler Zusammenhang zwischen der Höhe der Renditen und der Attraktivität der Anlagen in der dazugehörenden Währung. In der Realität fluktuieren jedoch sowohl die Zinsen als auch die erwarteten Wertveränderungen beider Währungen (Krugman & Obstfeld, 2006). Die bisher beschriebene, ungedeckte oder offene, Zinsparität zu messen, stellt sich in der Realität als äusserst schwierig heraus. Man geht dabei davon aus, dass perfekte Substituierbarkeit der jeweiligen Anlagen gegeben ist, sodass sich die Investoren nicht gegen Währungsrisiken absichern, also ihre Investments decken müssen.

Eine Erweiterung des erläuterten Zustandes der Zinsparität bildet die gedeckte Zinsparität. Sie bezieht sich auf die Situation, in der der Käufer der Devisen seine Geschäfte mit Sicherheiten deckt und sie zu einem Terminkurs[21] kauft. Er substituiert dazu die Devisenkassakurse mit Devisenterminkursen (Krugman & Obstfeld, Internationale Wirtschaft, 2006). Damit kann untersucht werden, welche Effekte Risikoaversion und Transaktionskosten auf die Kapitalmobilität haben, weil im folgenden Fall die perfekte Substituierbarkeit der in- und ausländischen Assets nicht als zwingend nötigen Zustand für die vollständige Kapitalmobilität vorausgesetzt wird, da sich der Investor mit Terminkontrakten absichert.

$$R_1 = R_2 + \frac{F_{1/2} - E_{1/2}}{E_{1/2}} \qquad [1.4]$$

Die Variable $F_{1/2}$ bezeichnet den Terminkurs der Währungen eins und zwei und somit drückt der zweite Summand auf der rechten Seite von [1.4] den Terminaufschlag der Währung eins gegenüber der Währung zwei aus. Abweichungen von der gedeckten Zinsparität in der Realität entstehen dann, wenn die Handelspartner eine wirtschaftspolitische Beschränkung der Kapitalmobilität befürchten, die sich Terminkursangebote ohne das Einwirken solcher Regulierungen häufig nach der Formel der gedeckten Zinsparität unter Einfluss der aktuellen Zinssätze und Kassakursen richten (Krugman & Obstfeld, Internationale Wirtschaft, 2006).

Das Kriterium der Kapitalmobilität wird in dieser Arbeit nicht mittels dem Ansatz der Zinsparität untersucht. Einerseits aufgrund fehlender beziehungsweise schwer zu ermittelnder Daten wie beispielsweise zu den erwarteten Wechselkursen. Anderseits ist auch die Interpretation empirisch ermittelter Ergebnisse ohne eine erweiterte Untersuchung der damit verbundenen Umstände äusserst schwer.

### 2.4 Methodenkritik

Ein Kritikpunkt, der sich auf alle der geschilderten Ansätze und Faktoren beziehen liesse, ist der, dass in der empirischen Untersuchung dieser Arbeit der Zustand der Faktormobilität nach der Einführung der gemeinsamen Währung analysiert wird. Somit werden effektiv keine Aussagen darüber gemacht, ob ein bestimmtes Land der Europäischen Währungsunion hätte beitreten sollen oder nicht, sondern ob sein Verbleib zur Optimalität beiträgt oder nicht. Wie jedoch beispielsweise (McKinnon, 1963) argumentiert, ist gerade diese Herangehensweise wichtig und richtig, da die Fixierung der Währung beziehungsweise Übernahme einer Einheitswährung die Faktormobilität verändern wird und deshalb schlüssige Aussagen erst ex-post zulässt.

### 2.4.1 Arbeitsmobilität

Am Kriterium der Arbeitsmobilität lässt sich vor allem eine Kritik im Rahmen der Erörterung durch Mundell (1961) anbringen. In seiner Arbeit sprach Mundell zwar einige Fälle unterschiedlicher äusserer Faktormobilität an, lässt jedoch die innere Mobilität meist ausser Acht beziehungsweise nimmt sie als vollständig an. Auf diese Weise könnten Währungsräume teils überhaupt nicht oder falsch beurteilt werden. Ein Beispiel für eine solche suboptimale Konstellation wären Regionen mit einigermassen hoher intraregionaler jedoch tiefer interregionaler Faktormobilität. Besonders bei der Arbeitsmobilität kann diese Generalisierung zur Folge haben, dass ein Resultat verzerrt wird, da in einem Fall tiefer innerer Mobilität von Arbeitskräften kein Ausgleich zwischen Sektoren stattfinden kann, was sich bei asymmetrischen Schocks, die Wirtschaftszweige unterschiedlich treffen, verheerend auswirken kann. Durch die hohe äussere Mobilität würde auf eine Eignung für fixe Wechselkurse geschlossen, aufgrund der tiefen inneren Mobilität könnte diese Region jedoch unverhältnismässig stark von einem Schock getroffen werden und den gesamten Währungsraum gefährden (Priewe, 2007).

---

[21] Definition im Glossar

13

### 2.4.2 Feldstein-Horioka-Ansatz

In einem vereinfachten Modell mit vollständiger internationaler Kapitalmobilität scheinen die von den beiden Ökonomen gemachten Gedankengänge einleuchtend anwendbar. Ob in der Realität vor allem bei sehr langfristigen und weniger liquiden Investments immer noch ein Ausgleich herrscht, der den Kapitalfluss dahin leitet, wo die Renditen am höchsten sind, ist zu bezweifeln, zumal dann oft die Risikoaversion eine dominantere Rolle bei der Entscheidungsfindung einnimmt[22]. Wenn man sich im Zuge solcher Gedankenschlüsse jedoch von dem theoretischen Modell der Rendite-Arbitrage entfernt, kommt man, wie von (Caves, 1971) diskutiert, zum Schluss, dass ein grosser Teil der Investitionen in ausländische Märkte mit der Aneignung von Produktionsmethoden, Gewinnung neuer Märkte oder Umgehen von Handelsbeschränkungen zu tun haben. Solche Investitionen werden demnach auch nicht von Veränderungen der Menge des Sparkapitals oder der möglichen Rendite an anderen Orten beeinflusst. Dass die Beobachtungen der Realität nicht mit den theoretischen Überlegungen übereinstimmen, konnten auch Feldstein und Horioka feststellen; gemäss ihren empirischen Untersuchungen flossen nämlich bei höheren nationalen Sparquoten die Gelder zum grössten Teil nicht ins Ausland. Diese Beobachtungen lassen sich mit verschiedenen Ansätzen erklären. Zuerst wird ein Ausbilden von Rigiditäten durch wirtschaftspolitische Umstände was internationale Investments betrifft[23] aus den Modellüberlegungen ausgeschlossen. In die gleiche Kategorie gehören auch alle individuellen Ängste vor Risiken wie sie bereits besprochen wurden. Keine der beiden Grössen wird hier weiter behandelt; wenn auch interessante Schlüsse aus einer exakteren Quantifizierung gezogen werden könnten. Auch eine nicht perfekte Integration der Gütermärkte sowie Faktoren, die durch die Natur der Sparquote und der Investments mit einbezogen werden, stellen weitere wichtige Einflüsse dar. Diese haben, teilweise wegen erheblicher Komplexität ihres Wirkens, einen unbekannt signifikanten Einfluss auf die Korrelation von Sparen und Investieren und können, auch wegen Nichtvorhandensein, ausreichend grosser, empirischen Untersuchungen, nicht genau eingeordnet werden. Dies bedeutet rückschliessend, dass erhöhte Korrelation nicht zwingend von fehlender Kapitalmobilität herstammen muss. Feldstein und Horioka (1980) weisen auf diese Problematik hin, sehen aber in ihren Untersuchungen, wenn auch teilweise durch die kleine Anzahl von Testländern verschuldet, keine bedeutende Fehlerquelle in dieser Angelegenheit. Die Tatsache, dass relativ wenige Länder für den Versuch verwendet wurden, wird aber später dennoch kritisiert, da, wie beispielsweise (Golub, 1990) darauf hinweist, vor allem die Analysen zu den Nettokapitalflüssen erheblich durch den Einfluss einiger Outliner verfälscht sein könnten.

### 2.4.3 Bruttofluss-Ansatz

Wenn perfekte Kapitalmobilität als eine Abwesenheit von restriktiven Faktoren definiert wird, können bei exzessiv grossen Bruttoflüssen trotzdem sehr kleine Nettoflüsse auftreten; was würde einen Anleger daran hindern, sein Kapital dort anzulegen, wo die Renditen am höchsten ausfallen? Bestehen jedoch Barrieren, seien es Präferenzen der Investoren, Transaktionskosten oder andere, weist eine Untersuchung der Bruttokapitalflüsse zwar eine verminderte Grösse der Kapitalströme ins Ausland auf, erlaubt aber keine Aussagen darüber, ob strukturelle Hindernisse oder Risikoaversion hinter dieser geringeren Kapitalmobilität stehen (Golub, 1990). Wie gut das Kriterium für die empirische Anwendung geeignet ist, geht nicht eindeutig aus den Untersuchungen Golubs (1990) hervor, der zwar einige Beispiele von OECD-Staaten liefert, jedoch nicht auf die Ermittlung der Werte zu den Flüssen eingeht, wobei, wie zuvor und anschliessend erwähnt, Schwierigkeiten in der Messung und Berechnung auftreten können.

---

[22] Vertiefte Untersuchungen zu der Rolle von Risiko im Zusammenhang mit Portfoliodiversifikation und eines gewissen Heimat-Bias der Investoren wurden von (Tesar & Werner, 1992) behandelt und hier teilweise im Grundansatz wiedergegeben.

[23] Erläuterungen zur Natur dieser Beschränkungen im Kapitel 2.3.6

#### 2.4.4 Zinsparitätenansatz

Der Ansatz der Zinsparität lässt sich durch das bereits zuvor erarbeitete Modell der vollständigen Kapitalmobilität und des daraus resultierenden Ausgleichs der internationalen Zinsen schlüssig begründen. Es wird, wie in den anderen Ansätzen auch, von einem vereinfachten Sachverhalt ausgegangen und darauf geschlossen, dass sich ein System mit perfekter Mobilität des Kapitals in einem ausgeglichenen Zustand befinden müsse. In Realität weichen jedoch diverse Resultate wie von beispielsweise (Krugman & Obstfeld, 2006, S. 433-435), (Clausen, 2011) und Anderen betont, je nach untersuchtem Land beziehungsweise dessen Entwicklungsstand von diesem modellhaften Zustand ab. Die gedeckte Zinsparität scheint dabei zwischen Industrieländern zu herrschen, es können aber teilweise auch keine klaren Messungen angestellt werden, da sich die Abschätzung der erwarteten Zinssätze als äusserst schwierig gestaltet. Um dennoch Ergebnisse zu erhalten, werden effektiv die erwarteten Wechselkurse gemessen und daraus auf ein gewisses antizipiertes Handeln der Investoren geschlossen. Dies beschränkt sich aber oft darauf, zu erörtern, als wie hoch die Investoren, beziehungsweise die Herausgeber der Sicherheiten, das Währungsrisiko einschätzen, welche Terminkursangebote also herrschen. Da aber diese Kurse oft mittels dem Grundansatz der Zinsparität ermittelt werden, wird prinzipiell die Hypothese durch deren zugrundeliegende Definition bewiesen (Krugman & Obstfeld, Internationale Wirtschaft, 2006), (Golub, 1990). Doch auch weitere Faktoren beeinflussen das Argument der Zinsparität. So mangelt es in Realität oftmals an Substituierbarkeit gewisser Wertpapiere, mittels denen in eine Position in einer Fremdwährung investiert werden könnte. Zunehmend spielt also das Verhalten des Investors wieder eine zentrale Rolle darin, wieviel verfügbares Kapital im Ausland investiert wird, und es muss mit einer gewissen Risikoaversion gekoppelt mit einem Heimat-Bias, unter anderem hervorgerufen durch fehlende Homogenität der Anlageprodukte, gerechnet werden. Dies ist wiederum schwer mit dem Modell vereinbar, in dem genau solche Faktoren per definitionem ausgeschlossen werden. Wie hoch der Informationsgehalt von Überprüfungen der Zinsparität wirklich ist, ist ebenfalls Objekt von Diskussionen. So weist zum Beispiel (Clausen, 2011) darauf hin, dass die in der Formel der Zinsparität erfassten Kapitalströme nur einen kleinen Teil der effektiven internationalen Kapitalbewegungen ausmachen, was wiederum die Aussagekraft einer Untersuchung negativ beeinflussen würde.

## 3. Peter B. Kenen

Peter Bain Kenen war ein amerikanischer Wirtschaftswissenschaftler und führender Experte für Währungsunionen, vor allem auch für die Europäische Währungsunion. Er fungierte unter anderem als Berater für den Internationalen Währungsfond, die amerikanische Steuerbehörde und die Federal Reserve Bank. Er war Gründungsmitglied der „Group of Thirty", einer Organisation von Akademikern, die sich mit internationalen wirtschaftlichen Problematiken auseinandersetzt, sowie Teil der „Bellagio Group", einer internationalen Zusammenarbeit von Finanzministern, Wissenschaftlern und Zentralbankern. Als solcher leistete er bedeutende Arbeit in der Diskussion wirtschaftspolitischer Problematiken unter Einbezug wissenschaftlicher Theorien, was ihm auch den Spitznamen „der praktische Theoretiker" einbrachte (Krugman, 2012). Als Professor für Wirtschaftswissenschaften an der Columbia University und später an der Princeton University, schrieb er viele seiner bekanntesten Werke. Seine Arbeit zur Theorie der optimalen Währungsräume war und ist immer noch von grösster Bedeutung, gerade auch bezogen auf die Europäische Währungsunion (Princeton University Office of Communications, 2012).

### 3.1 Optimalität

Peter Kenen verfasste seine Theorien zu optimalen Währungsräumen teilweise als Antwort auf die grundlegenden Erkenntnisse aus Mundells Abhandlung (1961). Er widerspricht darin nicht vollkommen dem, was acht Jahre zuvor als eine der ersten fundierten Auseinandersetzungen mit der Optimalität von Währungsräumen galt, fügt jedoch einige eigenen Grundgedanken dazu. Seiner Ansicht nach macht die Trennung in Gebiete vollständiger Arbeitsmobilität, wie sie Mundell propagierte vor allem deshalb weniger Sinn, weil diese komplette Barrierefreiheit im Arbeitsmarkt gar nie erreicht werden kann. Viel wichtiger als die Fähigkeit, asymmetrische Schocks durch Anpassungen in der Verteilung des Arbeitsangebots[24] auszugleichen, sei die Struktur der Volkswirtschaft, die durch die Einteilung in einen Raum mit einer einzigen Währung entsteht. Je diversifizierter diese nämlich aufgestellt sei, desto weniger hart werde sie von Nachfrageschocks, die nur auf gewisse Teile der Produktionsstruktur bezogen, also asymmetrisch sind, getroffen. Dies bedeutet wiederum, dass im optimalen Fall die Arbeits- oder Kapitalmobilität nicht vorhanden sein muss, um die Folgen dieser Schocks abzufangen, die sich, wie Mundell (1961) bereits aufzeigte, in entweder einer Erhöhung der Arbeitslosigkeit oder einem Preisanstieg äussern[25], sondern Kenen zielt mit seiner Definition von Optimalität vielmehr darauf ab, solche Folgen gar nicht erst zuzulassen, indem der optimale Währungsraum schon auf die Ursache reagieren kann, beziehungsweise nicht oder fast nicht von ihnen betroffen ist (Kenen, 1969).

### 3.2 Definition des Raumes

Wenn im Folgenden der Begriff des Raumes verwendet wird, ist damit nicht zwingend der Raum gemeint, den Mundell (1961) als den optimalen Währungsraum bezeichnet hat. Kenen definiert einen Raum beziehungsweise eine Region vielmehr so, dass diese aus einer Ansammlung von Produzenten besteht, die mit der gleichen Technologie homogene Güter produzieren. Sie haben somit die gleiche Nachfragekurve und gekoppelte Erfolge oder Misserfolge, wenn sich die äussere Nachfrage nach ihren Produkten schlagartig verändert. Wenn also ein asymmetrischer Nachfrageschock den Export prägt, von dem sie praktisch vollständig abhängig sind. Es herrscht zwar innerhalb dieses Raumes sehr hohe Mobilität, was die Arbeit betrifft, dies hilft dieser Region aber nichts, da sie als Währungsraum von Schwankungen der Arbeit sehr stark betroffen wäre.

### 3.3 Hauptargumentation

Kenen zeigt in seiner Argumentation anhand von drei zentralen Punkten auf, wieso die Diversifikation in einem Währungsraum wichtiger sein könnte als die Faktormobilität: Des ersteren führt er den Beweis dafür an, dass eine diversifizierte Wirtschaft weniger oft Veränderungen in den Terms of Trade und daraus resultierenden Wechselkursänderungen[26] unterliegt, also das Realaustauschverhältnis weniger oft verändert wird und somit, wie im zweiten Punkt weiter ausgeführt, diese Volkswirtschaft von mehr Stabilität in ihrer Beschäftigung beziehungsweise ihren Preisen profitiert. Die Begründung dafür liegt in der Anwendung des „Gesetz der grossen Zahlen"[27]; Kenen geht davon aus, dass jederzeit ein gewisser Sektor oder eine bestimmte Industrie eine mehr oder weniger starke Veränderung in der Nachfrage erfahren kann. Daraus resultieren in der Folge ein Abwechseln von Erfolgen und Misserfolgen für die produzierende Industrie und somit eine hohe Volatilität der damit einhergehenden Folgen

---

[24] Wie in Kapitel 2.3.2 abgehandelt
[25] Wie in Kapitel 2.2 abgehandelt
[26] Ausgegangen davon, dass dieser Prozess aufgrund von herrschender Kaufkraftparität, wie beispielsweise von (Beck, 2015, S. 351 ff.) definiert, von selbst auftritt.
[27] Der Begriff beschreibt in diesem Zusammenhang eine Verringerung von Volatilität durch die Aggregation der Nachfrage mehrerer Produkte. Eine allgemeine statistische Definition kann in (Eicke, 2010, S. 23 ff.) gefunden werden.

im Arbeitsmarkt und im Preisniveau. Vergrössert man aber die Anzahl an Sektoren, diversifiziert also die Produktionsstruktur, können, analog zu einer Vergrösserung der Probenanzahl in der Statistik, die Schwankungen durch ein Anhäufen der verschiedenen Produktionen ausgeglichen werden. Dies ist möglich, da bei einer genügenden Diversifikation von vielen, grundlegend verschiedenen Erzeugnissen ausgegangen wird und sich aufgrund verschiedener Abnehmer und deren unabhängiger Entwicklung Veränderungen nicht in gleichem Ausmass ereignen werden. So wird fortwährend sichergestellt, dass, während immer Schwankungen auftreten, diese nicht von gravierender Bedeutung für die gesamte Volkswirtschaft sind (Kenen, 1969).

Der zweite Punkt, den Kenen macht, bezieht sich auf die Folgen von verschiedenen Schocks auf den Arbeitsmarkt. Um diese zu untersuchen, zieht er vier Beispielstaaten heran: zwei kleine Länder, das heisst ohne Einfluss auf die internationalen Preise, und zwei grosse, von deren Exporten die Weltwirtschaft beeinflusst wird. In allen der vier Staaten ist Arbeit der einzige variable Produktionsfaktor. Je einer der grösseren und der kleineren hat eine diversifizierte Wirtschaft, die sowohl für den Export produziert als auch Güter, die im Inland nachgefragt werden. Die beiden Verbleibenden sind jeweils nicht diversifiziert. Setzt man nun alle vier Staaten einem Schock von unverhältnismässig wachsenden Löhnen gegenüber den Importpreisen aus, werden alle vier in einem System flexibler Wechselkurse eine Anpassung der Letzteren in Richtung einer Abwertung der eigenen Währung vornehmen müssen, um zu verhindern, dass die Beschäftigung aufgrund der sinkenden Attraktivität inländischer Produkte zu sehr sinkt. Befinden sich die besagten Länder jedoch in einem gemeinsamen Währungsraum oder haben gegenseitig fixierte Währungen, wird die Arbeitslosigkeit aufgrund des fehlenden Ausgleichsmittels der Wechselkursänderungen in allen Ländern steigen. Nach den Erwartungen ist unter den beiden kleineren Staaten dieses Problem im nicht diversifizierten jedoch grösser als im diversifizierten, wenn man davon ausgeht, dass die Nachfrageelastizität[28] nach Arbeit in Bezug auf die Reallöhne in der Exportindustrie höher ist, da der internationale Markt nicht so sehr von den Exporten der kleinen Staaten abhängt, und da die Nachfrageelastizität nach Arbeit von der Nachfrageelastizität der exportierten Güter abhängt. Letzteres lässt sich dadurch erklären, dass aufgrund der tiefen Abhängigkeit der umliegenden Ländern von diesen Exportprodukten, die per definitionem gegeben ist, die Nachfrageelastizität der Güter und deshalb auch die Nachfrageelastizität der Arbeit relativ tief ausfällt (Parkin, Powell, & Matthews, 2008). Da die diversifizierte Wirtschaft nicht nur vom Exportsektor abhängig ist, nimmt die Beschäftigung im betreffenden Staat somit weniger stark ab als im Ersteren[29]. Erstaunlicherweise scheint jedoch unter den grösseren beiden Ländern das diversifizierte im Nachteil zu sein. Aufgrund der hohen Abhängigkeit der Umwelt von den Gütern der grösseren Länder treten bezüglich Elastizitäten die umgekehrten Umstände zu den kleinen Staaten ein und die Bedingung, dass die Nachfrageelastizität für Arbeit im Exportsektor grösser sei, als im Import konkurrierenden Sektor trifft nicht mehr zu. Da die diversifizierte Wirtschaft auch den Letzteren beinhaltet, wird sie bei einem Auseinanderdriften der Löhne und Importpreise stärker von Arbeitslosigkeit geprägt sein, da die Beschäftigung in diesem Sektor schon bei kleinen Erhöhungen der Reallöhne ohne ein Anheben der Preise stark sinken wird.

Das beschriebene Gefüge von Staaten wird von Kenen auch noch auf eine andere Art von Schock geprüft; eine äussere Störung wie sie in den Analysen Mundells gefunden werden kann. Er behauptet, dass wenn eine Volkswirtschaft mit Nachfragerückgängen konfrontiert wird, diese sich bei hohem Diversifikationsgrad nicht so negativ auf die Beschäftigung auswirken, wie wenn der betroffene Sektor einen Löwenanteil des Gesamtoutputs ausmacht. Aus der Sicht der kleinen Staaten wirkt der Nachfrageschock als eine Veränderung der Terms of Trade; die sinkenden Exportpreise wirken sich negativ auf ihr Realaustauschverhältnis aus.

---

[28] Definition im Glossar
[29] Die formelle Beweisführung ist in (Kenen, 1969, S. 72 ff.) zu finden, wird aber aufgrund des Rahmens dieser Arbeit hier nicht weiter behandelt.

Für die grossen Staaten stellt er derweil nur einen Rückgang der Exportnachfrage bei gleich-bleibenden Terms of Trade dar. Wird die Reaktion der Staaten auf die Veränderung der Um-stände in einem System flexibler Wechselkurse angeschaut, zeigt sich, dass hier, anders als bei einem Auseinanderdriften der Importpreise und den Löhnen, in den verschiedenen Volks-wirtschaften unterschiedlich starke Veränderungen der Wechselkurse vorgenommen werden müssen. Diese fallen, wie Kenen (1969) zeigen konnte, in den diversifizierten Ländern wesent-lich kleiner aus. Dies ist auf das höhere Mass der nötigen Entwertung der eigenen Währung zurückzuführen, die von Nöten ist, um eine vollständig aus exportorientierten Unternehmen bestehende Produktionsindustrie vor einem Rückgang der Beschäftigung zu schützen, der ohne eine Reaktion unweigerlich zu einer Folge des Schocks werden würde[30]. Das gleiche Verhalten lässt sich für den Arbeitsmarkt aufzeigen, wenn man von festen Wechselkursen ausgeht; je grösser der Anteil der Exportindustrie an der Gesamtproduktion ist, desto höhere Arbeitslosigkeit wird im betreffenden Land entstehen. Geht man also von einem Nachfrage-schock im Mundell'schen Sinne aus, sind die beiden diversifizierten Staaten, unabhängig von deren Grösse eindeutig besser positioniert, was negative Reaktionen der Beschäftigung an-geht (Kenen, 1969).

Im dritten und letzten Punkt, den Kenen zum Thema Diversifikation und deren Folgen macht, bringt er die zwei bereits besprochenen zusammen, um daraus Schlüsse bezüglich der Ver-bindung zwischen Nachfrage nach Exporten und der Stabilität von Kapitalansammlung[31] zu ziehen. Der Fokus der Untersuchung der Einflüsse der Diversifikation fällt dabei auf die, neben der Beschäftigung, zweite Variable, die eine Regierung in der Ausübung ihrer monetären und fiskalischen Regulation im Auge behalten muss; die Entwicklung der Preise. Diese Analysen stützt er auf das Modell eines Landes, das seine Produktion vollständig ausgelastet sieht. In keinem der vorhandenen Sektoren kann der Output also ohne einen Anstieg der Preise ge-schehen und ein Ansteigen der Nachfrage nach den Exporten dieses Landes setzt es unter starken inflationären Druck. Mit dem skizzierten Anstieg der Produktion gehen zwei Folgen einher, die diesen Druck zusätzlich verstärken; einerseits der Keynesianische Multiplikator[32], und anderseits kann davon ausgegangen werden, dass auch mehr in die wachsenden Sekto-ren investiert, beziehungsweise mehr Kapital geschöpft wird, um der Nachfrage gerecht zu werden. Wird jetzt aber eine diversifiziertere, also grundlegend verschiedene Produkte expor-tierende, Wirtschaft als Grundlage genommen, findet das obige Phänomen nicht in einem so grossen Teil der Gesamtproduktion statt, dass die daraus entstehenden Folgen, also Inflation, durch politische Massnahmen unlösbar wären. Dies ist in einem System fixierter Wechselkurse äusserst wichtig, um äussere und innere Balance zu wahren. Obwohl die Korrelation zwischen inländischen Investitionen und den Exportvolumen je nach Kapitalintensität der Produktion un-terschiedlich ist[33], stehen schlussendlich diversifiziertere Länder besser da. Weiter muss er-wähnt werden, dass diese Argumentation nur auf Schocks anzuwenden ist, die nicht von einer umfassenderen Ursache wie Konjunkturschwankungen abhängen, da dann der gesamte Ex-portsektor von den darauffolgenden Veränderungen betroffen ist, relativ unabhängig davon, wie stark er diversifiziert ist (Kenen, 1969).

Zusammenfassend bietet eine hohe Diversifikation zahlreiche Vorteile für die Nationen eines Währungsraumes; sie fängt asymmetrische Schocks durch eine breite Verteilung der Auswir-kungen ab und sorgt so schlussendlich auch dafür, dass in einer Periode ohne äussere Stö-rungen die Kapitalansammlung beziehungsweise die nationalen Investitionen sich konstant in einem stabilen Rahmen bewegen und trägt so bedeutend zur inneren und äusseren Stabilität

---

[30] Für den gesamten Beweis siehe (Kenen, 1969, S. 73).
[31] Definition im Glossar
[32] Wird hier nicht genauer behandelt, vollständig zu finden in (Kahn, 1931).
[33] Ein Anstieg der Exportnachfrage führt je nach Kapitalintensität der Produktion zu einem stärkeren Anwachsen der Investitionen als ein Absinken der Nachfrage in einem Rückgang der Investitionen re-sultiert.

der nationalen Wirtschaft bei. Ein vielfältigerer Arbeitsmarkt verhilft ausserdem zu höherer Arbeitsmobilität wie sie Mundell (1961) beschrieb, da so eine breitere Auswahl an spezialisierten Arbeitskräften die Anstellung einfacher wechseln kann. Kenen ergänzt diese Vorteile jedoch auch durch die Warnung davor, dass diversifizierte Staaten immer noch hart von Schocks getroffen werden können, die sich durch ein Auseinanderdriften der Importpreise und Löhne ergeben, und es deshalb äusserst wichtig ist, dass alle Teilländer eines grösseren Währungsraumes mit gewissen politischen Mitteln ausgestattet sind, damit sie, beispielsweise durch eine enge Kontrolle der Lohnentwicklung, grössere Ausmasse von Arbeitslosigkeit verhindern können. Er nimmt damit ein erstes Mal einen Punkt auf, der bezüglich des Europäischen Währungsraumes später wieder in die Diskussion um die Optimalität miteinbezogen wird[34] (Kenen, 1969).

### 3.4 Folgerungen für die empirische Herleitung und Anwendung der Diversifikation

### 3.4.1 Bedeutung für Währungsräume

Das von Kenen (1969) eingeführte Kriterium der Diversifikation bedeutet auf Währungsräume angewendet, dass sich Nationen oder Regionen mit einer diversifizierten Wirtschaft eher für fixierte Wechselkurse beziehungsweise eine gemeinsame Währung eignen, da sie weniger hart von asymmetrischen Schocks getroffen werden. Diesem Zusammenhang kommt eine besonders grosse Bedeutung zu, da ein Fixieren zweier Währungen immer durch den Verlust des Anpassungsmechanismus der Wechselkurse gekennzeichnet ist, und so andere Mittel zum Ausgleich von Preisveränderungen gefunden werden müssen. Für den Europäischen Währungsraum kann man also davon ausgehen, dass, je diversifizierter die einzelnen Mitgliedsstaaten sind, desto leichter fällt die Absorption von Schocks und desto höher die Optimalität der Europäischen Währungsunion ist.

### 3.4.2 Das empirische Kriterium der Diversifikation

Das Grundargument dafür, dass eine höhere Diversifikation in Bezug auf Schocks, denen ein Währungsraum oder Teile davon ausgesetzt sein könnte, vorteilhaft ist, besteht darin, dass die Störung, sofern sie asymmetrisch ist, sich nicht auf alle Sektoren oder Unterpartitionen der Produktionswirtschaft zur gleichen Zeit gleich auswirken wird. Kumuliert man also das Verhalten der einzelnen Teile der Wirtschaft, zeigt sich, dass gesamthaft gesehen eventuelle negativen Auswirkungen auf die Beschäftigung oder die Preise entweder vollständig durch andere Teilsektoren kompensiert oder zumindest so stark abgeschwächt werden, dass als Reaktion auf die äussere Störung nicht mehr eine so starke wirtschaftspolitische Reaktion initiiert werden muss, wie dies mit einer weniger diversifizierten Wirtschaft der Fall wäre.

Anhand eines vereinfachten Beispiels kann dieser Sachverhalt aufgezeigt werden:

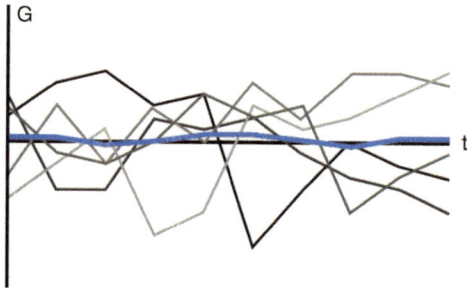

Abbildung 5: Gesamtnachfrageentwicklung in den Sektoren einer imaginären Volkswirtschaft

---

[34] Die Thematik der politischen Reformfähigkeit wird im Kapitel 5.1 kurz aufgegriffen und ist ausführlicher beispielsweise in (Heinemann, 1998) oder (Mongelli, 2008) zu finden.

Abgebildet ist die Entwicklung der Nachfrage in gewissen Sektoren einer diversifizierten Wirtschaft über einen gewissen Zeitverlauf. Obwohl die Werte im Modell auf eine überhöhte und deshalb nicht vollständig realitätsnahe Weise dargestellt sind, bietet es doch die Möglichkeit, die Argumentation Kenens grafisch aufzuzeigen. Die in Graustufen eingefärbten Gesamtnachfragefunktionen unterliegen einer moderaten bis ziemlich stark ausgeprägten Volatilität. Für die Unternehmen in diesem Sektor bedeutet dies, sich konstant anzupassen. Dies kann beispielsweise durch die Veränderung der Anzahl von Angestellten geschehen. Bestünde die Wirtschaft des vorliegenden Landes nur oder überwiegend aus einem dieser Sektoren, würden die darauf wirkenden Schwankungen sich auf die Beschäftigung des ganzen Landes auswirken und es dadurch destabilisieren. Betrachtet man aber den Verlauf der Funktion aller Sektoren aggregiert, in der Abbildung blau eingezeichnet, kann man feststellen, dass sich die Schwingungen der einzelnen Funktionen fast aufheben und, nimmt man an, die Volkswirtschaft des analysierten Landes sei der Darstellung entsprechend diversifiziert, damit für Stabilität im System sorgen. Dies funktioniert, wie von Kenen (1969) bemerkt, selbstverständlich nur, wenn die Mobilität der Arbeitskräfte intersektoral genügend hoch ist. Dies wiederum erfordert, dass die verschiedenen Industrien sich nicht so stark im Produktionsverfahren unterscheiden, dass es für die Arbeitnehmer unmöglich ist, vom einen in den anderen Bereich zu wechseln. Daraus ergeben sich zwei Möglichkeiten: wenn sich einerseits die verschiedenen Produkte stark unterscheiden, was den Endgebrauch angeht, bedeutet dies, dass Störungen durch Veränderungen der Nachfrage etc. sich unabhängig voneinander entwickeln werden und der zuvor geschilderte Effekt der gegenseitigen Aufhebung sehr stark zum Zuge kommt und es gesamtwirtschaftlich zu wenigen Schwankungen kommt. Für den Arbeitsmarkt bedeutet dies unweigerlich eine geringere Mobilität, da die Arbeiter unterschiedlich spezialisiert sein werden und so weniger einfach den Sektor wechseln können. Wenn aber anderseits die Produkte sich nicht allzu stark unterscheiden, heisst dies zwar, dass die Arbeitskräfte dank ähnlicher Produktionsfaktoren zwischen den Sektoren wechseln können, aber das „Gesetz der grossen Zahl" nicht mehr, oder zumindest weniger ausgeprägt gilt, da die äusseren Einflüsse auf die verschiedenen Bereiche sich mit grosser Wahrscheinlichkeit in einer gewissen Synchronisation befinden (Kenen, 1969).

In der Anwendung auf die Praxis kann die Diversifikation verschieden gemessen und interpretiert werden. Eine Art zu bestimmen, wie breit gefächert die Wirtschaft eines Mitgliedsstaates des Europäischen Währungsraumes wirklich ist, inwiefern also Kenens Argumente zum Tragen kommen, ist die Suche nach grösseren Konzentrationen von Output in einem gewissen Sektor, also die Bewertung der Optimalität danach, wie stark die Produktion von einer gewissen Art von Gütern die untersuchte Volkswirtschaft dominiert. So könnte man aus den Resultaten Schlüsse darauf ziehen, wie sehr die betreffenden Sektoren das Land beziehungsweise seine Beschäftigung und sein Preislevel stärker beeinflussen als die restlichen Teile der Produktion. Dazu bietet sich die Analyse der Aggregate des Bruttoinlandprodukts des betreffenden Landes an. Aufgrund der relativ deckenden Verfügbarkeit der Daten für den Europäischen Währungsraum in der Einteilung nach den zehn grundsätzlichen NACE-Wirtschaftszweigen[35] wird im Folgenden die Diversifikation in diesen Teilen analysiert. Da diese grob bleiben muss, ist die Aussagekraft der Untersuchung etwas eingeschränkt. Die Grundidee des Optimalitätskriteriums der Diversifikation bleibt dennoch erhalten, auch wenn sie effektiv auf einem weniger feinen Massstab analysiert wird, und es stellt sich nun die Frage der statistischen Herangehensweise. Um möglichst gut diversifiziert zu sein, müsste bei den untersuchten Ländern der Gesamtoutput möglichst gleichmässig auf alle analysierten NACE-Sektoren verteilt sein, damit, wie in der Theorie bereits umrissen, ein asymmetrischer Schock möglichst nirgends unverhältnismässig grosse Folgen haben würde. Als statistisches Mittel bieten sich Ko-

---

[35] Eine Methode der Europäischen Kommission, gewisse gesamtwirtschaftliche Daten vereinheitlicht in Wirtschaftszweige aufzuteilen. Für eine ausführliche Definition siehe Glossar.

effizienten an, die die Verteilung einer gewissen Menge, im Beispiel des Europäischen Währungsraumes das Bruttoinlandprodukt, auf eine gewisse Anzahl von Peers, im Beispiel die zehn untersuchten Sektoren, messen. Eine sehr weit verbreitete Art, dies zu tun, ist mittels einer Lorenz- beziehungsweise Disparitätskurve[36]. Diese liefert mithilfe des von Statistiker Corrado Gini entwickelten Gini-Ungleichgewichtskoeffizienten vergleichbare Disparitätswerte. Dieser, auch Gini-Index genannte, Koeffizient lässt sich mit der folgenden Formel berechnen:

$$GUK = 1 - \sum_{i=1}^{n} kx_i * h_i \qquad [3.1]$$

Dabei wird die Summe aller, mit deren jeweiliger Häufigkeit $h_i$ multiplizierten, kumulierten Ausprägungen $kx_i$ von 1 subtrahiert und so faktisch die Fläche zwischen der vorliegenden Disparitätskurve und der Lorenzkurve einer perfekt gleichmässigen Verteilung im Verhältnis zur maximal möglichen Fläche (bei gleichmässiger Verteilung) berechnet. Ein Gini-Ungleichgewichtskoeffizient von null würde also bedeuten, dass alle BIP-Aggregate zu gleichen Teilen das gesamte Bruttoinlandsprodukt ausmachten. Da die gebildete Lorenzkurve durch die Anzahl der Proben $i$ beeinflusst wird[37], berechnet man häufig den normierten Gini-Index:

$$nGUK = GUK * \frac{i}{i-1} \qquad [3.2]$$

Die Folgen der Diversifikation innerhalb der Mitgliedsstaaten des Euroraumes für die Mobilität der Arbeit, wie sie im vorangehenden Kapitel behandelt wird, werden innerhalb dieser Arbeit nicht näher behandelt, da eine vertiefte Auseinandersetzung mit anderen Einflussfaktoren damit einhergehen müsste, welche auch den Rahmen der Untersuchungen sprengten, die auf der Grundlage der Mundellschen Theorie aus Kapitel 1 angestellt werden.

### 3.5 Methodenkritik

Ein grundlegender Kritikpunkt, der im Rahmen nahezu aller zur Optimalität von Währungsräumen aufgestellten Theorien auftaucht, stellt auch hier die Voraussetzung der von Kenen vorgeschlagenen Zusammenhänge dar, dass perfekte Gütersubstituierbarkeit herrschen muss, welche hingegen in der Realität faktisch nie vorhanden ist. Diese ist einerseits notwendig, dass die Argumentation der Nachfrageelastizitäten nicht von der Störung geprägt wird, die schon eine marginale Unterscheidung der korrespondierenden Produkte der zwei untersuchten Länder verursachen würde. Anderseits wären auch die Aussagen zur Bildung von Kapitalansammlungen beziehungsweise der nationalen Investitionen nicht mehr so einfach zu machen, da eine Unfähigkeit der Nachfrager, ohne Hindernisse den Anbieter des von ihnen nachgefragten Gutes zu wechseln, das Auftreten eines Schockes auf eine Art verändern würde, die durch eine erheblich grössere Anzahl von Variablen beeinflusst werden könnte. Diese Verminderung der Aussagekraft würde, wie geschildert, jedoch nur die kurz erwähnten, mit der Diversifikation mitauftretenden Folgen betreffen, auf die empirisch nicht weiter eingegangen wird. Die ausgleichende und schockabsorbierende Wirkung wird davon nicht bedeutend beeinflusst.

Bezogen auf die statistische Analyse der realen Beispiele erweist sich die Aufteilung in die grundlegenden zehn NACE-Wirtschaftszweige für eine umfassende Aussage was die Diversifikation der einzelnen Staaten betrifft als zu wenig detailliert. Gewisse Zweige sind schon aufgrund der Aufstellung der Wirtschaft eines Industrielandes durchs Band relativ stark oder schwach ausgeprägt. Der Landwirtschaftssektor beispielsweise beweist sich für alle untersuchten Staaten als einen sehr kleinen Teil des gesamten Outputs. Diese Ungenauigkeit lässt sich jedoch nicht wirksam umgehen, da die Datengrundlage zu einer feineren Unterteilung bei keinem der untersuchten Staaten vorhanden ist. Die NACE-Einteilung würde zwar eine sehr

---

[36] Ausführlich in (Engelhardt, 2013) zu finden.
[37] Tatsächlich werden nur die einzelnen Datenpunkte verbunden und keine Kurve interpoliert, deshalb ergeben sich bei sehr kleinen Probeanzahlen abweichende Werte.

detailreiche Aufspaltung der gesamtwirtschaftlichen Zahlen in bis zu 1000 Unterkategorien (Europäische Kommission, 2010) vorsehen, was ein viel umfangreicheres Ergebnis liefern würde, die Abdeckung der tatsächlich vorhandenen Daten beschränkt sich jedoch nur auf vereinzelte Jahre oder Untersektoren oder sind gar nicht erst verfügbar. Dies hat schlussendlich die Folge, dass einerseits die Aussagekraft der Untersuchung geschwächt wird und anderseits sich die Länder in der Diversifikation nicht mehr so stark voneinander unterscheiden, dass einschlägige Schlüsse aus den Vergleichen gezogen werden könnten. Die geschilderte Grobheit, die sich nicht einfach und wirksam aus den empirischen Untersuchungen entfernen lässt, oder zumindest nicht im Rahmen dieser Arbeit, vermindert zwar die Genauigkeit und Detailhaftigkeit der schlussendlichen Aussage, ändert aber nichts an der grundsätzlichen Idee der von Kenen aufgestellten Modells und somit auch nichts daran, dass die diversifizierteren Staaten des Europäischen Währungsraumes von einer günstigeren Ausgangslage in ihrer Mitgliedschaft im Euro, basierend auf der erörterten Grundlage, profitieren können (Kenen, 1969).

Bei der Untersuchung des Kriteriums Diversifikation erhebt sich, vor allem kombiniert mit der nachfolgenden Theorie zur Bedeutung der Offenheit einer Wirtschaft, ein Widerspruch im Bezug zur Grösse der Wirtschaft. Wie (Tavlas, 1994) feststellte, haben kleinere Länder oftmals einen grösseren Anteil an gehandelten Gütern, sind also offener als grössere Staaten, was sie, wie anschliessend erörtert wird, besser für einen fixen Wechselkurs geeignet macht. Dieselben Länder tendieren jedoch auch zu einer diversifizierteren Produktionsstruktur und sollten so laut dem Diversifikationskriterium besser ein flexibles Wechselkurssystem haben. In widersprüchlicher Weise schreibt Kenen (1969) jedoch in seinen Ausführungen, dass grössere Länder tendenziell offener sind, als kleinere.

Ein Gesichtspunkt von Kenens Argumentation und vor allem seines abschliessenden Statements wird im Rahmen der empirischen Untersuchung vollständig ausser Acht gelassen. Kenen schliesst nämlich damit, zusammenzufassen, was die Ergebnisse seiner Untersuchungen nun genau zu bedeuten hätten und verzichtet dabei nicht darauf, den Entwicklungsstand des untersuchten Landes in die Analyse mit einzubeziehen. Er sagt über weniger entwickelte Staaten aus, dass sie meist in einer besseren Position sind, wenn sie ihre Währung nicht gegenüber anderen fixieren, oder zumindest sehr oft Änderungen des Wertes ihrer eigenen Währung gegenüber der Fremdwährung vornehmen. Obwohl dieser Teilaspekt in dieser Arbeit nicht speziell beachtet wird, sollte dies keine allzu grossen Verzerrungen zur Folge haben, da Kenen das gesamte Kriterium des Entwicklungsstandes wiederum dem Diversifizierungsgrad und der Fähigkeit, politische Änderungen schnell und effektiv durchzusetzen, unterwirft. Das erstere Kriterium wird in der Empirie vollständig, das zweite am Rande mit einfliessen und somit auch Kenens Definition von Entwicklungsstand (Kenen, 1969).

## 4. Ronald I. McKinnon

Ronald Ian McKinnon war ein bedeutender kanadischer Wirtschaftswissenschaftler und einflussreicher Denker im Bereich der internationalen Wirtschaftstheorie. In seiner langen Karriere als Wirtschaftsprofessor an der Stanford University veröffentlichte er eine Vielzahl an Büchern und Artikel zum Thema internationaler Wirtschaft und Entwicklung der Wirtschaft. Bedeutende internationale monetäre Institutionen und ihre Wirkungsweise zu verstehen, war ein wichtiger Teil seiner Forschung und seines Lehrens. So bildete er ein grosses Mass an Erfahrung auf diesem Gebiet aus und war schliesslich unter Ökonomen als ein „intellektueller Riese" bekannt. Er hatte mit seiner Arbeit im Gebiet der Währungstheorie und den Zusammenhängen von Währungen und internationalem Handel bedeutenden Einfluss auf die Theorie der optimalen Währungsräume und erweiterte sie durch seine Arbeit um eine neue Facette (Parker, 2014).

### 4.1 Optimalität

Ronald McKinnon setzt seine Definition von Optimalität aus drei zentralen Punkten zusammen; erstens sollte Vollbeschäftigung herrschen, zweitens sollten die internationalen Zahlungen ausgeglichen und drittens der innere Preislevel stabil sein. Ähnlich wie Kenen (1969) sieht er dies nicht grundlegend anders wie in der ursprünglichen, von Mundell (1961) beschriebenen, Theorie ausgeführt wird, der Weg zu diesem Zustand ist nach McKinnons Meinung jedoch ein etwas anderer als der der perfekten Faktormobilität. Das letzte seiner drei Kriterien hat dabei seiner Meinung nach den grössten Einfluss, da es sowohl die Währungspolitik als auch den internationalen Handel in die Problemstellung mit einbezieht und somit das Problem seines Urteilens nach nicht nur durch die bereits diskutierten Methoden gelöst werden könne. Er führt anschliessend die neue Variable des Offenheitsgrades beziehungsweise der Aussenhandelsquote ein, mittels derer die Optimalität besser zu quantifizieren sein sollte. Die Offenheit ist das Verhältnis von handelbaren zu nicht handelbaren Gütern. Handelbar sind dabei Güter, die im Inland produziert werden aber sowohl exportiert als auch lokal konsumiert werden können. Ebenfalls als handelbar werden Güter genannt, die zwar aus dem Ausland importiert werden, jedoch auch im Inland hergestellt werden könnten und somit Substitute für diese inländischen Produkte sind. Die Aussenhandelsquote beschreibt den Anteil der handelbaren Güter am BIP. Das Verhältnis zwischen Handelbaren und nicht Handelbaren ist deshalb entscheidend, da Länder mit einem grossen Anteil von handelbaren Gütern sich eher für ein System fixer Wechselkurse eignen würden, weil dann grössere Preisstabilität erreicht werden könnte. Interessanterweise setzt McKinnon zusätzlich eine gesamtheitliche, flexibel anwendbare Fiskalpolitik innerhalb eines Währungsraumes voraus, damit seine drei Kriterien für Optimalität innerhalb dieses Währungsraumes überhaupt herbeigeführt werden können (McKinnon, 1963). Das Fehlen einer gemeinsamen, umfassenden Fiskalpolitik wird als einer der Hauptkritikpunkte am Europäischen Währungsraum angebracht[38]. Die Möglichkeit der Steigerung der Optimalität durch ein Einführen einer Fiskalunion wird in Kapitel 5 andiskutiert.

## 4.2 Hauptargumentation

McKinnon baut den Beweis der Wichtigkeit seiner Herangehensweise an Optimalität auf die Vereinfachung des tatsächlich in der Realität vorzufindenden Zustandes auf. Anstatt bezogen auf die gesamte Welt eine Einteilung in optimale Währungsräume vorzunehmen, geht er von einem einzigen, abgegrenzten Raum aus, dessen monetäre Beziehungen zum Ausland festgelegt werden müssen. Die Aussenwelt wird vereinfacht als ein einziger, grosser Währungsraum angenommen. Weiter soll die Grösse der betrachteten Region so gewählt werden, dass die Nominalpreise gemessen in der ausländischen Währung weder durch den Kurs der inländischen Währung noch durch nationale Währungspolitik im Allgemeinen beeinflusst werden[39] und somit auch die Terms of Trade keinen dadurch induzierten Schwankungen unterliegen. Im Folgenden verändert McKinnon anhand von zwei Beispielen die Offenheit beziehungsweise das Verhältnis handelbarer zu nicht handelbaren Gütern und zieht daraus Schlüsse, ob das flexible Schwanken des Wechselkurses oder die Fixierung angebrachter wäre (McKinnon, 1963).

Als erstes Fallbeispiel wird ein Land betrachtet, dessen handelbare Güter einen grossen Anteil des inländischen Konsums ausmachen. Zwischen diesem Staat und dem Ausland besteht ein System eines fluktuierenden Wechselkurses, um die Aussenbilanz[40] ausgeglichen zu halten.

---

[38] Die Möglichkeiten einer fiskalischen Union, die über der Fiskalpolitik der einzelnen Ländern des Europäischen Währungsraumes stehen würde, werden beispielsweise in (Sala-i-Martin & Sachs, 1991) diskutiert.
[39] Wenn der untersuchte Raum genügend klein gewählt wird, lässt sich durch die Anwendung der von McKinnon leicht veränderten Kombination von Elastizitätsfunktionen feststellen, dass die Elastizität der Exportnachfrage sowie die Elastizität des ausländischen Importangebots unendlich gross werden und somit eine Abwertung der nationalen Währung immer zu einer Verbesserung der Handelsbilanz führt. In der Realität hängt die Umsetzbarkeit dieser Annahme mit dem Grad an Absorption zusammen, der während der Abwertung herrscht. Aussagen ausserhalb der Vereinfachung sind so schwierig zu machen. Erweitert siehe (McKinnon, 1963, S. 58).
[40] Definition im Glossar

Die handelbaren Güter sind folglich umgekehrt mit eventuellen Veränderungen des Wechselkurses korreliert. Da die nicht handelbaren Güter per definitionem nicht auf den Weltmarkt gelangen können, werden ihre Preise nicht vom diesem beeinflusst, und sie bleiben bei einer Wechselkursänderung in inländischer Währung bewertet konstant. Resultierend aus einer Abwertung der eigenen Währung steigen also die Preise und die Produktion der handelbaren Güter an und deren Konsum sinkt, was wiederum die Zahlungsbilanz des untersuchten Landes verbessern würde. Trotz diesem vorteilhaften Anpassungsmechanismus als Reaktion auf Nachfrageveränderungen wird durch den Einsatz eines flexiblen Wechselkurses das dritte Ziel der Optimalitätsdefinition nicht erfüllt; der Erhalt stabiler Preise der gehandelten Güter. Zudem konnte McKinnon aufzeigen, dass der fluktuierende Wechselkurs auch die Preise der nicht handelbaren Güter nicht stabil halten kann. Wenn nämlich die Beschäftigung in der skizzierten offenen Wirtschaft hoch ist, kann nach dem keynesianischen Ansatz für die Zahlungsbilanz[41] eine Verbesserung der Aussenbilanz nicht ohne eine Senkung der realen Staatsausgaben geschehen, welche wiederum eine Instabilität der Preise der nicht handelbaren Güter nach sich zöge. Schlussendlich bedeutet dies, je offener eine Wirtschaft ist, desto schwieriger wird es, durch einen flexiblen Wechselkurs die Aussenbilanz ausgeglichen zu halten und desto negativer sind dessen Auswirkungen auf die innere Preisstabilität des betreffenden Landes. Der Einsatz eines Systems von mit dem Ausland fixierten Wechselkursen wäre in diesem Fall optimal. Als Mittel der Wahl für die Verbesserung der Handelsbilanz bieten sich hier währungs- und fiskalpolitische Methoden an, die die Ausgaben in allen Sektoren der Wirtschaft gleichmässig senkten. Für alle Güter resultiert daraus ein Rückgang des nationalen Konsums, was im Bereich der handelbaren einen Übergang der ehemals national konsumierten exportierbaren Güter in den Export zur Folge hätte[42]. Bezogen auf den Sektor, der nicht handelbare Güter produziert, hiesse dies vor allem die Entstehung von mehr Arbeitslosigkeit. Ist dieser Teil der Wirtschaft jedoch sehr klein, die Offenheit also gross, und die intersektorale Arbeitsmobilität bis zu einem gewissen Grad gegeben, führte dies mittelfristig zu mehr Exporten (McKinnon, 1963).

Im zweiten Fall wird die gegenteilige Situation betrachtet; die Offenheit der Wirtschaft soll klein sein, der Anteil nicht handelbarer Güter also gross. In dieser Situation, so McKinnon, könnte die höchste Preisstabilität dadurch erreicht werden, dass der Preislevel der nicht handelbaren Güter gegenüber der eigenen Währung effektiv fixiert ist und die Währung gegen aussen fluktuiert. Die Preise der handelbaren Güter würden zwar wie im vorherigen Modell starken Schwankungen unterliegen, die Auswirkungen davon auf den gesamten Preislevel des Landes wären jedoch relativ unbedeutend, da die betroffenen Güter nur einen kleinen Teil der Gesamtproduktion ausmachen. Problematisch ist einzig der Fall, in dem die Faktormobilität zwischen den beiden Sektoren zu tief ist, da dann die Abwertung der eigenen Währung nicht zu einer bedeutenden Steigerung der Produktion von Exporten und somit einer Verbesserung der Aussenbilanz führt, wenn zu wenige Arbeitskräfte genügend schnell in diesen Sektor wechseln können. Wenn die Währung aber gegenüber der ausländischen fixiert würde, dürfte sich die Verbesserung der Aussenhandelsbilanz in diesem Land jedoch als deutlich schwieriger herausstellen. Wenn nämlich die im vorherigen Abschnitt skizzierten, monetären und fiskalischen Methoden zur Senkung der inneren Nachfrage nach handelbaren Gütern dazu angewendet werden, um die Aussenbilanz auszugleichen, wird von solcher restriktiver Wirtschaftspolitik vor allem der grosse Teil der Wirtschaft betroffen sein; die Produktion nicht handelbarer Güter. Dort wird als Resultat vor allem eine Steigerung der Arbeitslosigkeit zu beobachten sein. Wenn die Regierung also eine Abwertung der Währung und somit Senkung der Preise der nicht handelbaren Güter in Betracht ziehen würde und angenommen, dass diese zu einem bedeutenden Teil aus Arbeitsdienstleistungen bestehen, müssten somit auch die Löhne gekürzt werden.

---

[41] Darauf wird hier nicht weiter eingegangen, siehe beispielsweise (Mankiw & Taylor, 2008, S. 766-773).
[42] Wiederum angenommen, die Grössenverhältnisse des Beispiellandes zum Ausland seien so, dass dies von der ausländischen Nachfrage her möglich sei.

Neben den Schwierigkeiten, dies umzusetzen[43], würde ein tatsächlicher Eingriff auch eine problematisch grosse Veränderung des inneren Preislevels bedeuten, was nicht mit dem Optimalitätsmodell vereinbar wäre. Der Verbesserung der Aussenbilanz wäre also eine grössere Wichtigkeit zugesprochen worden, als der Stabilität der inneren Preise oder wie Mundell es ausdrückte:

> *[...] we would have permitted the tail (tradable goods) to wag the dog (non-tradable goods) [...]* (McKinnon, 1963)

### 4.3 Folgerungen für die empirische Herleitung und Anwendung der Offenheit

#### 4.3.1 Bedeutung für Währungsräume

Nach McKinnons (1963) Definition der Optimalität eines Währungsraumes wäre ein fixer Kurs angebrachter, je offener die Wirtschaft eines untersuchten Landes ist. Die Instabilität, die ein fluktuierender Wechselkurs im Zusammenhang mit einem grossen Anteil an handelbaren Gütern im Preislevel eines Landes ausmachen würde, liesse sich nicht mit seinem Optimalitätsbegriff vereinbaren. Umgekehrt würden in einer Wirtschaft geringer Offenheit die wirtschaftspolitischen Massnahmen rund um die Verbesserung der Aussenbilanz in einem System fixierter Wechselkurse die Industrie der nicht handelbaren Güter so hart treffen, dass ein schwankender Preislevel der handelbaren Güter als zu bevorzugende Lösung scheint. Dieser hätte gesamthaft gesehen auch einen relativ kleinen Einfluss, da die handelbaren Güter relativ zahllos wären.

#### 4.3.2 Das empirische Kriterium der Offenheit

Die Messung der Offenheit bei Ländern des Euroraumes lässt gemäss der obigen Herleitung der Bedeutung dieses Kriteriums Rückschlüsse darüber ziehen, welchen Vor- und Nachteilen das betreffende Land im Einheitswährungssystem des Euros aufgrund ihres Produktionsanteils an handelbaren Gütern ausgesetzt sein könnte. Die Offenheit selbst wird von McKinnon (1963) mit eben diesem Anteil beziehungsweise dem Verhältnis der beiden Güterklassen beschrieben. Da die jeweiligen Daten zur Produktion der Euroländer nicht nach diesen beiden Gütern eingeteilt werden, muss im Rahmen einer empirischen Untersuchung erörtert werden, wie diese aus den verfügbaren, gesamtwirtschaftlichen Zahlen zu ermitteln seien. In seiner Abhandlung schlägt McKinnon selbst vor, zur erheblichen Vereinfachung des Sachverhalts die totale Menge an handelbaren Gütern aus der Summe der Importe und Exporte zu bestimmen. Diese Methode wird auch in dieser Arbeit zur Ermittlung der Offenheit angewendet obwohl sie durch einige Kompromisse, wie sie in der nachfolgenden Methodenkritik aufgeführt werden, die Schärfe der daraus erhaltenen Ergebnisse etwas verwässert. Schlussendlich bedeutet dies jedoch nicht, dass das Kriterium nicht auf reale Beispiele anwendbar ist, da auch hier wie bei den beiden anderen, bereits besprochenen, Kriterien eine Tendenz gemessen und die daraus hervorgehenden Folgen analysiert werden. Eine weitere Möglichkeit wäre die Analyse von Produktionszahlen nach Sektoren aufgeteilt, was, nach manueller Einteilung in handelbare und nicht handelbare Güter, Einschätzungen zur Offenheit erlauben würde. Diese zweite Variante wäre jedoch mit erheblichen Problemen verbunden. Einerseits ist, wie bereits im Kapitel 2.4.2 im Zusammenhang mit dem Diversifikationskriterium festgestellt wurde, die verfügbare Datenmenge sehr beschränkt. Andererseits würde sich selbst bei perfekter Datenabdeckung die Einteilung in handelbare und nicht handelbare Güter als äusserst schwierig erweisen. Die NACE-Sektoren, also die kleinste verfügbare Unterteilung in Produktionssektoren, wäre selbst bei der Ausschöpfung aller 1000 Kategorien zu grob, um die beiden Güterklassen sauber zu trennen. Zusätzlich sind die nicht handelbaren Güter äusserst schwierig zu erfassen. Diese bestehen oft aus einem erheblichen Teil an Arbeitsdienstleistungen, welche in einer Statistik nicht in im

---

[43] Das keynesianische Lohnstarrheitsmodell wird hier nicht weiter behandelt. Siehe beispielsweise (Samuelson & Nordhaus, 1987, S. 243-245).

Inland und im Ausland geleistete unterteilt werden und somit selbst bei einer Generalisierung der auftretenden Arten von Dienstleistungen nicht klar zuzuordnen wären. Weiter lässt sich die Produktion von physischen Gütern nicht einwandfrei in die eine oder andere Kategorie einordnen, da deren Natur zwecks der vereinheitlichten Statistik nicht immer ersichtlich ist. Die Import- und Exportzahlen hingegen sind in vollständigem Umfang dokumentiert, was die Untersuchung nicht nur erheblich einfacher gestaltet, sondern auch eine umfangreichere zeitliche und örtliche Abdeckung erlaubt, ganz im Gegensatz zur zuvor geschilderten Methode. Somit werden die summierten Exporte und Importe als das Total der handelbaren Güter festgelegt und mit der Differenz zwischen dem BIP und dieser Summe, also den nicht handelbaren Gütern in ein Verhältnis gesetzt, welches Aufschlüsse zur Offenheit der untersuchten Wirtschaft erlaubt.

### 4.3.3 Methodenkritik

Wie zuvor bereits erwähnt, lässt sich am Ansatz der Offenheit und auch an der hier verwendeten Methode sie zu messen einiges kritisieren beziehungsweise relativieren. Zu Beginn weist McKinnon (1963) darauf hin, dass seine Definition von Optimalität eines Währungsraumes in sich einen zumindest partiellen Widerspruch birgt, zumindest was dessen Umsetzung in der Realität betrifft. Seine ersten beiden Kriterien, Vollbeschäftigung und äusseres Gleichgewicht widersprechen sich darin, dass Vollbeschäftigung immer mit einer verhältnismässig zu hohen Nachfrage nach Importen einhergeht; es entsteht also ein Aussenhandelsdefizit. Versucht die Regierung des betroffenen Landes dem entgegenzuwirken, indem sie die Staatsausgaben verringert, bewirkt sie zwar die Reduktion von Importen, verursacht aber dadurch auch Arbeitslosigkeit. Durch eine erneute Erhöhung der Gesamtausgaben zur Bekämpfung dieser Arbeitslosigkeit besteht wieder dasselbe Problem wie anfangs. Eine Lösung aus dieser Situation ist eine Abwertung der eigenen Währung, doch auch dieser Ansatz ist, wie in Kapitel 3.2 besprochen, nur von kurzer Dauer. Durch das Hinzufügen des dritten Kriteriums, dem Erhalt eines stabilen inneren Preislevels, bringt McKinnon zusätzlich zu der monetären Theorie der ersten beiden Punkte auch internationale Handelstheorie in die Gesamtheit der Evaluation und macht somit die Quantifizierung noch schwieriger. Es erheben sich mehr und mehr Dilemmas und Widersprüche, was schlussendlich dazu führt, dass das Modell logisch nicht ganz komplett ist, was aber McKinnon selber nicht als Mangel seines eigenen Ansatzes ansieht, sondern vielmehr damit begründet, dass die drei Kriterien der Offenheit niemals vollständig und gleichzeitig erreicht werden können. Dasjenige Währungssystem sei als optimal zu klassifizieren, welches die beste Annäherung an die drei Punkte liefere (McKinnon, 1963).

Wie bereits zuvor angesprochen, hilft die scharfe Unterscheidung zwischen handelbaren und nicht handelbaren Gütern bei der empirischen Arbeit enorm, den Sachverhalt einfacher zu analysieren, ignoriert aber dabei den Bereich von Güterklassen, der in Realität zwischen den beiden Extremen vorkommt. Wendet man jedoch das im vereinfachten Umfeld erarbeitete Modell auf diesen weicheren Verlauf zwischen beiden Güterklassen an, zeigt sich, dass das Grundkonzept nicht entkräftet wird, da die Auswirkungen von beispielsweise Wechselkursänderungen oder die Zusammenhänge zwischen Beschäftigung und Aussenhandelsbilanz nicht grundlegend anders ausfallen sondern in stärkerer oder weniger starker Form. Das Modell ist also immer noch anwendbar, die Bestimmung des Verhältnisses von handelbaren zu nicht handelbaren Gütern ist jedoch erheblich schwieriger geworden (McKinnon, 1963).

Eine weitere, vereinfachende Annahme, die im Rahmen der Erörterung des Kriteriums Offenheit getroffen wird, ist die Grösse der untersuchten Wirtschaft. Diese wird immer so angenommen, dass die nationale Produktion von handelbaren Gütern die äusseren Preise nicht beeinflusst[44]. Dies stellt bei einigen grösseren Volkswirtschaften des Europäischen Währungsraumes ein Problem dar, da sie im Vergleich zu ihren Handelspartnern sehr wohl grösser sind. Nimmt man als das „Ausland", das McKinnon in seiner Begründung als grösser annimmt aber

---

[44] Die zugrundeliegende Argumentation wird hier nicht weiter behandelt, siehe (McKinnon, 1963).

jeweils den restlichen Währungsraum als Ganzes, ist der Konflikt bereits wesentlich kleiner bis eliminiert. Argumentiert man nämlich dafür, dies als eine Einheit anzunehmen, da eventuelle Handelshemmnisse aufgrund von Bestrebungen zu grosser Konvergenz innerhalb des Euroraumes verschwindend klein seien, lässt sich diese Voraussetzungen des McKinnonschen Offenheitskriteriums durchaus als erfüllt ansehen (McKinnon, 1963).

## 5. Andere Ansätze

Im bisherigen Theorieteil wurden drei der bekanntesten Ansätze für die Messung beziehungsweise das Erreichen von Optimalität in Währungsräumen analysiert. Wie bereits erwähnt, beschränkt eine solche Fokussierung auf einen Teil der Theorie der optimalen Währungsräume das Spektrum an verschiedenen Herangehensweisen und Lösungsansätzen, was jedoch im Rahmen dieser Arbeit einerseits aufgrund gewisser Ressourcenbeschränkungen und anderseits auch angesichts der vielfältigen Interpretationsmöglichkeiten was die Vereinfachung gewisser wirtschaftlicher Zusammenhänge angeht, nicht geändert werden kann. Um einen gewissen Ausblick auf die Möglichkeiten der Thematik zu gewähren, sollen an dieser Stelle zwei methodische Strömungen erwähnt werden, die zwar nicht empirisch untersucht werden, denen aber dennoch eine gewisse Bedeutung zukommt, sei es durch Verweise in den „klassischen" Ansätzen[45] oder einer gewissen Öffentlichkeitsdiskussion[46]

### 5.1 Politische Reformfähigkeit

Der Einschluss des Kriteriums der politischen Reformfähigkeit in die Diskussion der Optimalität kann vor allem deshalb in Betracht gezogen werden, da es das Handeln der politischen Akteuren als ein wichtiges Instrument des Ausgleichs und der Anpassung an sich ändernde Umstände im Währungsraum ansieht. Kreiste die bisherige Auseinandersetzung mit der Thematik vor allem um die Rolle von privaten Akteuren innerhalb des einzelnen Staates beziehungsweise im gesamten Währungsraum, so versucht diese Herangehensweise etwas Licht auf die Auswirkungen dieses Rahmens auf das wirtschaftliche Geschehen zu werfen (Heinemann, 1998).

Mit Reformfähigkeit wird im Folgenden die schnelle Anpassung von institutionellen Strukturen an sich verändernde wirtschaftliche Bedingungen bezeichnet. Die hauptsächliche Bedeutung dieser Methode zur Anpassung an auftretende, asymmetrische Schocks wird der Fiskal- und Sozialpolitik zugeordnet. Da ein Teil der internationalen Wettbewerbsfähigkeit der Unternehmen eines Landes von dessen Belastung der Arbeitgeber durch Steuer- und Sozialabgaben bestimmt wird, kann beim Auftreten einer Schocksituation, die die Wirtschaft eines Teilstaates des Währungsraumes in einen weniger wettbewerbsfähigen Zustand versetzt, eine Anpassung der tariflichen Rahmenbedingungen als ein Substitut für die Anpassung der Löhne genutzt werden. Am Beispiel des Europäischen Währungsraumes konnte beispielsweise aufgezeigt werden, dass eine erhöhte Reallohnrigidität grösstenteils nicht exogen, also zum Beispiel durch Effekte wie sie in der Effizienzlohn-Hypothese[47] beschrieben werden, sondern hauptsächlich endogen durch den gesetzlichen Rahmen bedingt ist. Als hauptsächliche Faktoren werden dabei beispielsweise ein sehr restriktiver Kündigungsschutz oder ausgeprägte gewerkschaftliche Einflüsse auf die Bildung der Reallöhne genannt. Durch die Fähigkeit einer sich schnell anpassenden, wirtschaftspolitischen Situation, divergierende Entwicklungen innerhalb

---

[45] Kenen (1969) beispielsweise lässt das politische Umfeld in seine Evaluierung im Rahmen des Entwicklungsstandes eines Landes mit einfliessen (siehe Kapitel 3.3).
[46] Siehe zum Beispiel (Hishow, 2014), (Uken, 2015) oder (Schiersch & Gornig, 2013)
[47] Siehe beispielsweise (Vaubel, 1987, S. 21-24)

eines Währungsraumes auszugleichen, stellte der monetäre Zusammenschluss von nicht konvergenten[48] Wirtschaften also kein Problem dar, solange diese Teilstaaten politische Reformen genügend schnell umsetzen (Heinemann, 1998).

Die politischen Voraussetzungen für die Erfüllung einer genügend schnellen und flexiblen Anpassung können verschieden interpretiert werden. Eine der wichtigsten Eigenschaften, die die Politik eines Währungsraumes aufweisen sollte, ist nach Heinemann (1998) die Fähigkeit, Veränderungen der regulatorischen Landschaft ebenso asymmetrisch vorzunehmen, wie die auftretenden Schocks dies tun. Betreffen nämlich grössere Verschiebungen der Nachfrage oder Veränderungen der Wettbewerbsfähigkeit nur Teile der durch eine einzige Währung verbundenen Union von Regionen, erfordert dies auch eine individuelle Reaktion der betroffenen Regionen. Hätten Schocks auf den gesamten Währungsraum die gleichen Auswirkungen, würde die gemeinsame Währung die einzelnen Regionen nicht von einer monetären Anpassung gegenüber der restlichen Welt hindern und die Optimalität des Währungszusammenschlusses nicht angezweifelt werden. Angewendet auf den Europäischen Wirtschafts- und Währungsraum treten aber genau hier Hindernisse auf, die nach der Theorie der politischen Reformfähigkeit die Optimalität des Euroraumes senkten. Da die politische Umsetzung von Neuerungen innerhalb der Eurozone zunehmend durch die Europäischen Union bestimmt wird[49], ist eine individuell auf einzelne Mitgliedstaaten zugeschnittene Anpassung eher schwierig, und die nach dem Kriterium der Reformfähigkeit gemessene Optimalität des Euroraumes in seiner heutigen Grösse wird relativiert (Heinemann, 1998). Die Europäische Kommission selber sieht in einem Bericht des Währungsinstituts (1998) eine grosse Notwendigkeit von politischen Anpassungen, um den auftretenden Belastungen des Europäischen Wirtschafts- und Währungsraumes, namentlich strukturell bedingte, hohe und anhaltende Arbeitslosigkeit, zukünftige Belastungen des öffentlichen Haushalts durch eine zunehmend alternde Bevölkerung und bedeutende, bereits bestehende Staatsverschuldung entgegenzutreten. Die Umsetzung entsprechender Massnahmen müsse jedoch einheitlich und auf gesamteuropäischer Ebene durchgeführt werden.

Der Hauptgrund dafür, dass das Kriterium der politischen Reformfähigkeit in dieser Arbeit nicht in einer ausführlicheren Form behandelt und empirisch angewendet wird, ist, dass die Auseinandersetzung mit dem politischen Rahmen des Europäischen Währungsraumes und vor allem der Europäischen Union nicht im Fokus der Untersuchungen liegt. Ziel der kurzen Anmerkung dieser Herangehensweise an den Optimalitätsbegriff ist es vielmehr, den komplexen politischen Hintergrund der gesamten Thematik nicht vollständig unerwähnt zu lassen und einen Einblick in stärker von der „klassischen"[50] Theorie der optimalen Währungsräume abweichende Ansätze einer Quantifizierung des vorliegenden Problems zu gewähren.

## 5.2 Konvergenz

Eine weitere Möglichkeit, um die Grösse eines Währungsraumes zu bewerten, ist die wirtschaftliche Integration anhand der Konvergenz der Wettbewerbsfähigkeit der einzelnen Teilstaaten zu messen. So argumentiert beispielsweise Hishow (2014), dass bei einer langfristigen Asymmetrie in der Wettbewerbsfähigkeit der Mitgliedsstaaten eines Währungsraumes diese ein anhaltendes Defizit in der Leistungsbilanz haben und folglich ihre Verschuldung im Ausland stetig steigen werden. Wird der Schock also nicht, wie im vorherigen Kapitel geschildert, durch Anpassungen in der Wirtschaftspolitik des Landes in Richtung einer Preis- und Kostensenkung ausgeglichen bzw. hält unabsehbar lange an, so führt dies einerseits zu einem dauerhaften

---

[48] Wie aus Divergenz innerhalb eines Währungsraumes asymmetrische Schocks entstehen, wird im Unterkapitel 5.2 behandelt.
[49] Alle Mitglieder der Europäischen Union haben ihre wirtschaftspolitischen Interessen im gemeinsamen Diskurs zu regeln, wobei die Gestaltung der Fiskalpolitik den einzelnen Staaten überlassen wird (Europäische Kommission, 2014a), (Europäische Kommission, 2014b).
[50] Nach Mundell (1961), McKinnon (1963) und Kenen (1969)

Krisenzustand des betroffenen Landes und anderseits gefährdet es auch die Stabilität des gesamten Währungsraumes (Hishow, 2014).

Ob eine Konvergenz zwischen den untersuchten Staaten herrscht, kann, wie oben geschildert, an der preislichen Wettbewerbsfähigkeit gemessen werden. Weisen mehrere Länder eine vergleichbar effiziente Produktion auf, wiesen sie nach dem Kriterium der Konvergenz eine erhöhte Eignung zum Zusammenschluss zu einem optimalen Währungsraum auf. Die Kosten eines Beibehaltens von mehreren Währungen wären höher als die einer gemeinsamen Einheitswährung[51]. Im Rahmen der Theorie zum Kriterium der Konvergenz wird aber auch die ausgedehnte Tragweite der preislichen Wettbewerbsfähigkeit hervorgehoben. Gemäss Hishow (2014) tendieren nämlich besonders Volkswirtschaften auf unterschiedlichen Entwicklungsstufen dazu, stärker zu divergieren, was zur Folge hat, dass die weniger entwickelten Staaten auch in der Fähigkeit sich mit derselben Währung wie die weiterentwickelten längerfristig durchzusetzen ins Hintertreffen geraten können. Da die Konvergenz der Entwicklung von Teilstaaten einer Währungsunion somit von grösserer Wichtigkeit ist, tritt eine weitere Diskussion auf; inwiefern muss eine solche Konvergenz bereits vor der Einführung einer gemeinsamen Währung vorhanden sein und bis zu welchem Grad führt auch die Einheitswährung selber zu einer erhöhten Konvergenz. Der Europäischen Währungsunion wird häufig letzteres vorgeworfen; man habe sich zu sehr auf eine stärkere Konvergenz nach der Einführung des Euro verlassen[52] (Hishow, 2014). Diese Kritik wird im Rahmen der Maastrichter Konvergenzkriterien noch einmal kurz aufgegriffen, jedoch nicht ausführlich behandelt, da das Thema auch stark durch politische Überlegungen geprägt wird und somit nicht im Rahmen dieser Arbeit Platz findet.

Der Aspekt des Entwicklungsstandes eines Landes wird in der Literatur noch weiter vertieft. So weisen Schiersch und Gornig (2013) beispielsweise der Innovationskraft und somit dem Sektor der wissensintensiven Dienstleistungen eine grosse Bedeutung zu. Ab einem gewissen Grad von Entwicklung ist somit besonders auf die Konvergenz der Wettbewerbsfähigkeit in diesem Bereich zu achten, da er von immer grösserer Wichtigkeit ist.

### 5.2.1 Maastricht-Kriterien

Bezogen auf den Europäischen Wirtschafts- und Währungsraum verdient eine spezielle Methode zur Bestimmung und Steigerung der Konvergenz eine, zumindest kurze, Erwähnung; die Maastrichter Konvergenzkriterien. Diese bestehen aus den Kriterien der Preisstabilität, Verschuldung, Wechselkurse und Zinssätze. Die Europäische Kommission analysiert jeden potentiellen Mitgliedsstaat der Wirtschafts- und Währungsunion anhand dieser Kriterien und gibt anschliessend dem Europäischen Rat eine Empfehlung darüber ab, ob das betreffende Land die Anforderungen für die Einführung des Euro erfüllt. Die aufgestellten Kriterien sollten einen Richtwert bieten, um einerseits eine bereits vorhandene Konvergenz abzuleiten und anderseits auch Potential zu mehr zukünftigen konvergenten Entwicklungen zwischen den Staaten der Währungsunion festzustellen.

Die Preisstabilität wird mittels dem harmonisierten Verbraucherpreisindex (HVPI) ermittelt. Die jährliche Teuerung darf den Durchschnitt der drei niedrigsten Inflationsraten der Euroländer plus 1.5% nicht überschreiten. Dieses Kriterium wurde bei der Einführung des Euro von allen anfänglich designierten Mitgliedstaaten[53] erfüllt, im Falle Griechenlands jedoch basierend auf falschen Zahlen[54], was jedoch keine rückwirkenden Folgen hatte.

---

[51] Siehe Kapitel 1

[52] Der Euro wird von der Europäischen Kommission als Einheitssymbol und als Verpflichtung zu Konvergenzbemühungen bezeichnet (Europäische Komission, 2014b).

[53] Dänemark, Irland, Luxemburg, Belgien, Deutschland, Spanien, Frankreich, Italien, Niederlande, Österreich, Portugal, Finnland, Schweden und das Vereinigte Königreich. Nicht alle der aufgeführten Länder übernahmen den Euro als Landeswährung.

[54] Siehe beispielsweise (Mussler, 2004)

Die öffentliche Verschuldung eines Mitgliedstaates darf gemäss den Richtlinien jährlich nicht mehr als 3% des Bruttoinlandprodukts betragen und gesamthaft einen Anteil von 60% nicht übersteigen. Auch hier erfüllten nicht alle Länder die Maastrichter Kriterien[55].

Das Kriterium der Wechselkursstabilität schreibt potentiellen Euroländern vor, vor der Einführung des Euro mindestens zwei Jahre am Wechselkursmechanismus II[56] teilzunehmen, in dem die nationale Währung nur in einem Spielraum von ±15% gegenüber einem Leitkurs des Euro schwanken darf. Diese Phase dient als eine Art Test eines fixierten Wechselkurssystems, ohne dass die nationale Währung irreversibel durch den Euro ausgetauscht wird.

Das vierte Kriterium legt Rahmenbedingungen bezüglich des langfristigen nominalen Zinssatzes fest. Dieser darf höchstens um 2% höher liegen als der Durchschnittswert der drei preisstabilsten Länder. Letztere werden, wie zuvor beschrieben, durch die mittels HVPI ermittelten Inflationsraten bestimmt.

Die Vollständigkeit sowie die Effektivität der Konvergenzkriterien von Maastricht sind in der Literatur umstritten. Es werden die Methoden zur Ermittlung einiger Kriterien kritisiert (Dill, 2013), die Rolle der Richtlinien als wirtschaftliche Kriterien hinterfragt und als sozialpsychologisches Mittel zur Schaffung von Akzeptanz gegenüber dem Euro eingestuft (Läufer, 1997) sowie die generelle Umsetzung kritisch hinterfragt (Hasse & Starbatty, 1997). Sowohl die Maastrichter Konvergenzkriterien als auch die gesamte Diskussion um das Thema Konvergenz wird im Rahmen dieser Arbeit nicht weiter behandelt. Detaillierte Ausführungen zur offiziellen Festlegung der Konvergenzkriterien sind in (Europäisches Währungsinstitut, 1998) zu finden.

### 5.2.2 Gesamteuropäische Wirtschaftspolitik

Durch die gemeinsame, gesamteuropäische Gestaltung der wirtschaftspolitischen Rahmenbedingungen für die Europäische Wirtschaft- und Währungsunion wird versucht, eine politische Basis für eine stärkere Integration und Konvergenz zu sorgen. Sollen also Reformen durchgesetzt werden, werden diese durch den gemeinsamen Diskurs beschlossen. Ob diese Herangehensweise für die einzelnen Länder zwingend die richtige ist, beziehungsweise überhaupt für mehr Konvergenz sorgt, wird beispielsweise von Hishow (2014) bezweifelt. Die Problematik wird auch im Rahmen des Kapitels zur politischen Reformfähigkeit aufgegriffen.

## 6. Optimalität im Euroraum

Im bisherigen Teil dieser Arbeit wurden drei zentrale Theorien zur Definition und Messung der Optimalität eines Währungsraumes analysiert. Wie es sich aber zeigt, bilden diese drei nicht separat voneinander anzuwendende Herangehensweisen, sondern überschneiden sich in Teilen der Grundlagen, auch wenn von den verschiedenen verfassenden Ökonomen verschiedene Schwerpunkte gesetzt wurden. Alle haben gemeinsam, dass sie sich mit dem Abfangen oder völligen Verhindern von asymmetrischen Schocks in einem System fixierter Wechselkurse, in dem mit dem Ausgleichsmechanismus der Wechselkursschwankungen ein bedeutendes Mittel zur Verhinderung von Beschäftigungs- und Preisschwankungen fehlt[57], beschäftigen. In dieser Arbeit soll nicht ein einziges dieser Kriterien auf den Europäischen Währungsraum angewendet werden, sondern eine Mischung aus allen drei. Eine Rechtfertigung für die verwendete Gewichtung folgt in diesem Kapitel.

### 6.1 Optimalität im Rahmen dieser Arbeit

Die Grundlage für den Begriff der Optimalität in dieser Arbeit bilden, wie bereits ausgeführt, die Herangehensweisen von Mundell (1961), McKinnon (1963) und Kenen (1969). Mit seinem

---

[55] Ausführlich in (Europäisches Währungsinstitut, 1998) aufgeführt.
[56] Definition im Glossar
[57] Wie in Kapitel 1 abgehandelt

Artikel in „The American Economic Review" (1961) legte Mundell gewissermassen eine Grundlage aus Rahmenbedingungen für die Diskussion um optimale Währungsräume und nimmt deshalb eine wichtige Position in der Praxisanwendung ein. Die beiden Mobilitätsfaktoren sollen als Basis für die Bewertung der wirtschaftlichen Integration der Eurostaaten dienen, da sie mit dieser Eigenschaft auch Kernaussagen zur Höhe der Nutzen und Kosten der Einheitswährung für den jeweiligen Staat erlauben. Auch die Diversifikation zeigt auf, wie stark betroffen das untersuchte Land im Falle eines asymmetrischen Schocks wäre, wie hoch also die Kosten der Gemeinschaftswährung sind. Dies geschieht jedoch nicht auf der Basis des Integrationsarguments, sondern analysiert die Ausgangslage jedes Landes für sich. Zuletzt soll auch die Offenheit der Wirtschaft ein Teilkriterium der Optimalitätsbewertung sein, da es besonders die Grösse des Nutzens der Währungsunion für ein betrachtetes Land hervorhebt. Die einzelne Bewertung aller Kriterien erfolgt nach den erarbeiteten methodischen Ansätzen.

Wegen des Vorgehens der Einzelanalysen eines Spektrums von Herangehensweisen wird aus dem Optimalitätsbegriff aufgrund von bestehenden, zuvor eruierten, Widersprüchen nicht ein scharf abzugrenzendes, binäres Bewertungskriterium des Europäischen Währungsraumes, sondern eine Standortbestimmung auf einem Verlauf zwischen geringer und hoher Optimalität. Der zu beobachtende, starke Diskurs um die beste Methode, Währungsräume abzugrenzen, lässt zudem auch ausserhalb des Rahmens dieser Arbeit kein abschliessendes Urteil über die Optimalität des Euroraumes noch irgend eines anderen Währungsraumes zu.

### 6.2 Bedeutung für die Anwendung

Ebenso wie die theoretische Erarbeitung der Optimalität ist es in der empirischen Anwendung der gewählten Kriterien nur bis zu einem gewissen Grad möglich, scharfe Urteile bezüglich einer Eignung eines gewissen Landes für den Euro zu fällen. Alle erarbeiteten Kriterien basieren auf vereinfachten Modellen und werden mittels einer versimpelten Methodik in die Empirie portiert, was zu einer Unschärfe der Ergebnisse sowie der Schlussurteile führt. Wieder entsteht eine Tendenz zur einen oder anderen Seite des Eignungsspektrums.

# III. Empirische Analyse und Einordnung

## 1. Der Europäische Währungsraum

Da im folgenden Kapitel die zuvor erarbeitete, theoretische Auslegung eines optimalen Währungsraumes auf das praktische Beispiel des Europäischen Wirtschafts- und Währungsraumes angewendet werden soll, werden hier einige Informationen zum untersuchten Fall erörtert.

Bereits im Rahmen der Verträge von Rom 1957 wurde festgehalten, dass zu einem vereinten und friedlichen Europa auch ein integrierter Güter- und Personenverkehr gehöre. Durch einen einheitlichen Binnenmarkt sollte in ganz Europa mehr Wohlstand erreicht werden, und zwischen 1960 und 1970 entstand so die Idee einer Wirtschafts- und Währungsunion. Auch eine gleichförmige Währungspolitik oder gar eine gemeinsame, europäische Währung sollte dazugehören und im Kontrast zu den weltwirtschaftlichen Unsicherheiten der Ölkrise und des schwachen US-Dollars eine neue, stabile und liquide monetäre Konstante bilden. Konkretisiert wurde dieser Wunsch 1979 mit dem Europäischen Währungssystem, deren zentrales Element, der Wechselkursmechanismus (WKM), durch die Fixierung der Wechselkurse zwischen den teilnehmenden Ländern ein Wechselkursrisiko im Handel zwischen diesen verringern sollte. Die Wechselkurse waren aber immer noch so angelegt, dass sie in einem gewissen Band schwanken konnten, was eine bessere Anpassung des Währungssystems auf die jeweiligen Bedingungen der involvierten Länder zuliess. Durch dieses Vorgehen sollte die Grundlage für die spätere Einführung der Einheitswährung geschaffen werden, welche, zusammen mit einer überholten Version des WKM, dem WKM II, in Form des Euros 1999 dieses Vorgängersystem ablöste. Mit dem Vertrag von Maastricht 1992 erklärten sich aber auch Länder der Europäischen Union, die den Euro nicht oder nicht sofort einzuführen suchten, damit einverstanden, den Europäischen Binnenmarkt durch die Errichtung des Europäischen Wirtschafts- und Währungsraumes zu vollenden. 2002 wurde der Euro schliesslich in den 12 Ländern Belgien, Deutschland, Finnland, Frankreich, Griechenland, Irland, Italien, Luxemburg, den Niederlanden, Österreich, Portugal und Spanien (anschliessend als „Euroraum 12" referenziert) als offizielle Währung ausgegeben. Bis 2014 kamen Estland, Lettland, Malta, die Slowakei, Slowenien und Zypern dazu (später als „Euroraum 18" referenziert) und seit 2015 wurde auch in Litauen der Euro als offizielle Landeswährung eingeführt (im Folgenden „Euroraum 19"). Länder, die durch Spezialabkommen ebenfalls den Euro benützen, werden im anschliessenden Teil nicht weiter untersucht, da es sich um Kleinstaaten handelt, die sich bis zur Einführung des Euro in den Währungsräumen ihrer jeweils grössten Nachbarländer befanden. In einigen Regionen und Ländern gilt der Euro inoffiziell als akzeptierte Währung. Diese Fälle werden ebenfalls anschliessend nicht beachtet, da es sich um eine nicht bindende Nutzung der Währung ohne Vereinbarung mit der Europäischen Zentralbank handelt (Europäische Kommission, 2014b).

## 2. Mobilität der Arbeit

Die Mobilität des Faktors Arbeit wird in dieser Abhandlung mittels Migrationszahlen, also Daten über die geografische Verschiebung von Arbeitskräften, bestimmt. Die nominalen Werte sagen dabei noch nichts aus, da die Grösse des betroffenen Ziel- beziehungsweise Ausgangslandes nicht miteinbezogen wird. Um vergleichbare Resultate zu erhalten, werden die Migrationswerte in ein Verhältnis zur Gesamtbevölkerung gesetzt[58]. Es wird dabei angenommen, dass alle Migranten in das Zielland wandern, um dort eine Arbeit aufzunehmen. Ein grosser Koeffizient weist auf eine hohe Arbeitsmobilität und somit auch auf geringfügigere Restriktionen hin. Die Methodik, die zur Messung der Faktormobilität dient, lässt jedoch keine absoluten Aussagen zu

---

[58] Nachfolgende Untersuchungen beziehen sich auf Tabellen 1, 2 und 3.

einer bestimmten Grenze zwischen hoher und tiefer Mobilität beziehungsweise Optimalität des Währungsraumes zu; die Resultate der Beobachtungen sind also als Tendenz zu interpretieren. Uneinheitliche Messmethoden der Migration bis 2009 und die Einführung vereinheitlichter Wanderungsstatistiken gemäss EU-Verordnung Nr. 862/2007 (Europäische Union, 2007) führen zu einer verminderten Vergleichbarkeit der empirischen Werte. Da die Mobilität der Arbeitskräfte innerhalb des Europäischen Währungsraumes gesucht ist, müssten auch Untersuchungen zur jeweiligen Herkunft der Migranten gemacht werden. Aufgrund des eingeschränkten Rahmens dieser Arbeit werden hier jedoch die Resultate aus (Geis, 2013) hinzugezogen, die bewiesen, dass die Hälfte der ausländischen Beschäftigten aus EU-Staaten stammt. Eine Ausnahme bildet Luxemburg, wo nur 10% der ausländischen Arbeitnehmer von ausserhalb der EU stammen.

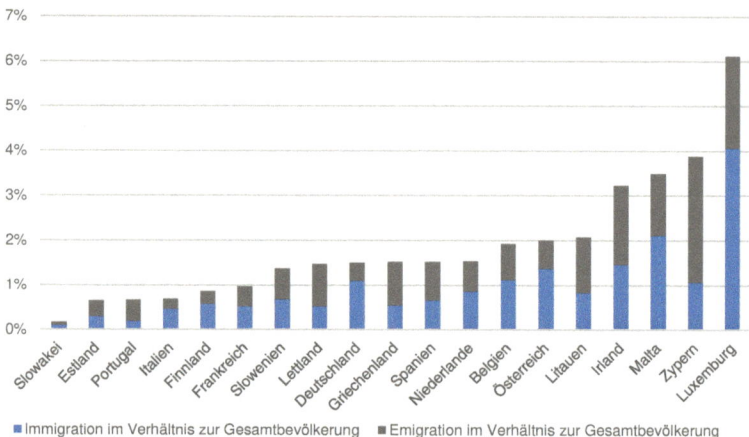

Abbildung 6: Mobilität der Arbeit gemessen an Migrationszahlen des Jahres 2014.

Die Euroländer bilden anhand ihrer kumulierten Wanderungszahlen und somit der Arbeitsmobilität drei grobe Gruppen; Migrationszahlen von weniger als 1% der Gesamtbevölkerung, von bis zu 2% und von mehr als 2%. Ersterer gehören Estland, Frankreich, Italien, Portugal, die Slowakei und Finnland an. Ihre Arbeitsmobilität fällt im Vergleich am tiefsten aus, was, unter Anwendung des Mundellschen Optimalitätsbegriff eine eher tiefe Optimalität bedeutet. Diese Staaten können sich am schlechtesten mittels Verschiebung von Arbeitskräften an asymmetrische Schocks anpassen und sind innerhalb der Einheitswährung Euro in einem solchen Fall am härtesten von Veränderungen der Beschäftigung betroffen. Die zweite Abteilung mit mittlerer Faktormobilität umfasst mit Belgien, Deutschland, Griechenland, Spanien, Lettland, Litauen, die Niederlande, Österreich und Slowenien den grössten Teil der Euroländer. Sie sind zwar nicht so stark von den Kosten einer Gemeinschaftswährung betroffen, können aber auch nicht durch Arbeitsmobilität die grösstmögliche Optimalität ihres Währungsraumes erreichen. Die verbleibenden vier Staaten heben sich mit einer deutlich höheren Anzahl an Migrierenden pro Gesamtbevölkerung klarer vom Rest ab. Malta mit 2.4%, Zypern mit 2.8%, Irland mit 2.9% sowie Luxemburg mit über 5.2% erfüllen das Kriterium der Arbeitsmobilität am ehesten und besitzen somit ein Anpassungsinstrument zur Erhaltung von Vollbeschäftigung und Preisstabilität. Ihre Eignung für ein System fixer Wechselkurse ist im Vergleich am besten. Zieht man jedoch die Überlegung hinzu, dass nur etwa die Hälfte der Immigranten aus dem gleichen Währungsraum stammt, werden diese Zahlen relativiert.

Um zusätzlich zu den Bruttobewegungen von Arbeitskräften einen Überblick über die effektiven Nettoströme zu bekommen, wurden in Tabelle 3 die Wanderungssaldos aufgeführt. Lettland und Litauen wiesen über die gesamte untersuchte Periode zwischen 1999 und 2015 einen negativen Saldo auf, der im Falle Lettlands 2010 sogar -2% der Gesamtbevölkerung unterschritt. Estland erlebte zwar 1999 und 2015 eine Zuwanderung, in der Zwischenzeit jedoch eine Abwanderung von bis zu -0.38%. Irland, Griechenland, Spanien, Zypern, Lettland und Portugal verzeichneten bis 2010 beziehungsweise 2011 eine Zuwanderung und anschliessend eine Abwanderung. Die restlichen Staaten wiesen einen grösstenteils positiven Wanderungssaldo aus, wobei vereinzelt Perioden leichter Abwanderung entstanden (>0.2% jährlich).

## 3. Mobilität des Kapitals

Die Kapitalmobilität innerhalb des Europäischen Währungsraumes wird nach dem Feldstein-Horioka-Kriterium ermittelt. Je grösser demnach die Differenz zwischen dem nationalen Sparkapital und den nationalen Investitionen ist, desto mehr Kapital wird international investiert und desto grösser ist der Anteil an mobilem Kapital. Um die nominalen Werte der Differenzberechnung vergleichbar zu machen, wurden sie jeweils in ein Verhältnis zum gesamten Sparkapital gesetzt. Die Ergebnisse können sowohl positive als auch negative Werte annehmen wobei Letzteres bedeuten würde, dass mehr Investitionskapital aus dem Ausland einfliesst, als nationales Sparkapital vorhanden ist. Die Kapitalmobilität ist also umso grösser, je weiter der Koeffizient von Null entfernt liegt. Ist er stark negativ hat dies zwar keinen schlechten Einfluss auf die Faktormobilität, jedoch bedeutet es eine negative Handelsbilanz und, tritt diese über längere Zeit auf, eine zunehmende Verschuldung gegenüber dem Ausland. Im Rahmen dieser Arbeit wird die Verschuldung der Euroländer jedoch nicht untersucht. Aufgrund der Modellhaftigkeit des Kriteriums der Kapitalmobilität, sowie fehlender Vergleichswerte lässt die empirische Untersuchung wieder nur tendenzielle Aussagen zu.

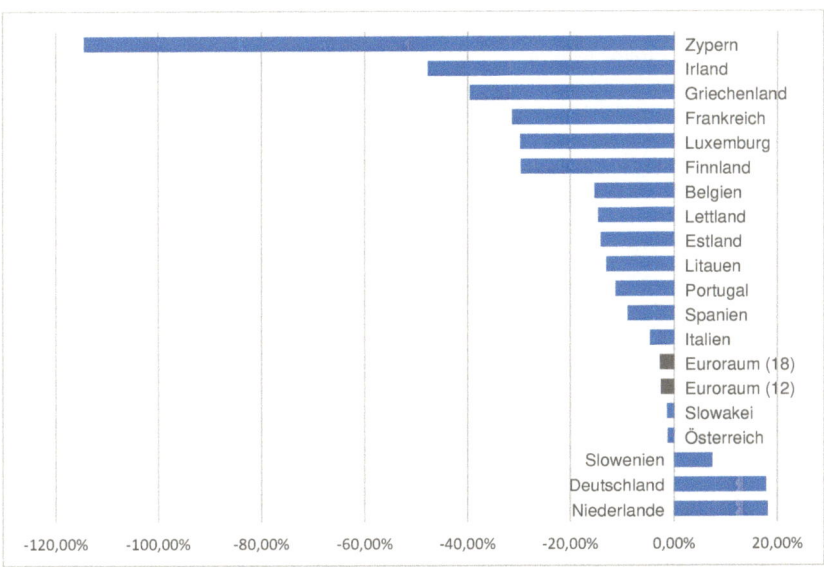

Abbildung 7: Mobilität des Kapitals anhand der Differenz zwischen nationalem Sparkapital und nationalen Investitionen im Verhältnis zum Sparkapital für das Jahr 2012.

Eine Auffälligkeit lässt sich bei der Untersuchung der Kapitalmobilität anhand der skizzierten Methode früh feststellen; ein grosser Teil der Mitgliedsstaaten des Euro weist einen negativen Koeffizienten auf. Innerhalb dieses negativen Bereiches treten jedoch grosse Unterschiede auf. So weisen Frankreich, Italien, Luxemburg, die Niederlande, Österreich, Slowenien und Finnland innerhalb der untersuchten Periode zwischen 1995 und 2013 durchschnittlich Werte nahe bei 0% auf; alle sind grösser als -20%. Mit Estland, Irland, Spanien und der Slowakei befinden sich einige Euroländer mit durchschnittlichen Ergebnissen zwischen -24% und -37% in einem Bereich mittlerer Mobilität. Deutlich höhere Werte wiesen Lettland und Litauen mit ca. -50%, Portugal mit -62%, Zypern mit -87% sowie Griechenland mit -170% im Durchschnitt auf. Die zwei Staaten mit positiven Koeffizienten befinden sich mit 2% im Falle Deutschlands und 4% im Falle Belgiens nahe bei 0%.

Wird das theoretische Modell der Kapitalmobilität auf die empirischen Resultate angewendet, fällt das Ergebnis mit der grossen Anzahl von Staaten zwischen 0% und -20% sowie der beiden positiven Werte in eine Gruppe eher niedriger Kapitalmobilität. Die von Mundell (1961) erarbeiteten Vorteile der Anpassung, die hohe Kapitalmobilität mit sich bringen würde, gelten so für diese Länder nur bedingt und es drohen erhöhte Arbeitslosigkeit und Preisinstabilität, sollten sie einem asymmetrischen Schock ausgesetzt sein. Die Optimalität des Euroraumes bezüglich der Faktormobilität ist somit grösstenteils nicht gegeben. Im Unterschied zu anderen Kriterien[59] zeichnet sich keine Tendenz zu einer Verbesserung dieses Umstandes ab. Für die vier Staaten, deren Wert teilweise deutlich unter -50% lag, gilt eine etwas andere Folgerung; sie weisen eine mittlere bis hohe Kapitalmobilität auf und sind so eher für die Einheitswährung geeignet.

## 4. Diversifikation der Wirtschaft

Das Kriterium der Diversifikation wird, wie bereits zuvor beschrieben, durch die Ermittlung des Konzentrationsmasses der verschiedenen Produktionsaggregate quantifiziert. Mittels des Gini-Ungleichgewichtskoeffizienten lässt sich also herauslesen, ob in einem der untersuchten Länder ein bestimmter Wirtschaftszweig einen grossen Anteil des Gesamtoutputs ausmacht. Die Werte des berechneten Index können sich zwischen null und eins befinden, wobei gilt: Je höher der Index desto ungleichmässiger ist das BIP auf die verschiedenen Sektoren verteilt und desto näher ist die vorliegende Wirtschaft an einer Monostruktur.

Für die Ermittlung des Diversifikationsgrades eines Landes wurden die folgenden zehn Hauptaggregate des BIP mit der gesamten Produktion verglichen:

- Baugewerbe/Bau
- Erbringung von Finanz- und Versicherungsdienstleistungen
- Erbringung von freiberuflichen, wissenschaftlichen und technischen Dienstleistungen, Erbringung von sonstigen wirtschaftlichen Dienstleistungen
- Grundstücks- und Wohnungswesen
- Handel, Instandhaltung, Verkehr, Gastgewerbe/Beherbergung und Gastronomie
- Industrie (ohne Baugewerbe)
- Information und Kommunikation
- Kunst, Unterhaltung und Erholung; Erbringung von sonstigen Dienstleistungen; Private Haushalte, exterritoriale Organisationen und Körperschaften
- Land- und Forstwirtschaft, Fischerei
- Öffentliche Verwaltung, Verteidigung, Erziehung und Unterricht, Gesundheits- und Sozialwesen

Weil das Kriterium der Diversifikation auf einer modellhaften Generalisierung der Realität beruht und auch aufgrund der Eigenschaften der verwendeten Methode, die Diversifikation zu messen[60], lässt sich nicht genau sagen, wie stark ein Land diversifiziert sein muss, damit der

---

[59] Siehe Kapitel 5
[60] Siehe auch Kapitel 3.5 des Abschnitts II

Nutzen einer Einführung des Euro die damit verbundenen Kosten übersteigt. Die berechneten Gini-Indices müssen also als „vorteilhaft oder weniger vorteilhaft" für die Teilnahme an der Europäischen Gemeinschaftswährung interpretiert werden.

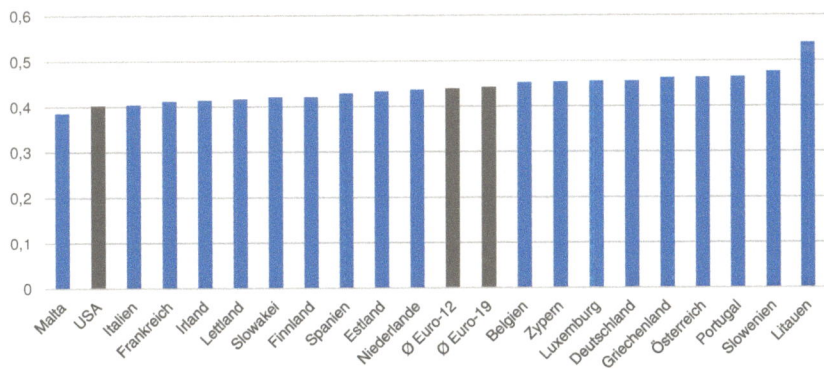

Abbildung 8: Normierter Gini-Ungleichgewichtskoeffizient von zehn BIP Aggregaten für das Jahr 2014.

Die erste Beobachtung, die sich bei einer Gegenüberstellung[61] der berechneten Werte anstellen lässt, ist das bemerkenswert schmale Band an unterschiedlichen Resultaten. Knapp 90% der Gini-Indices zwischen 1999 und 2015 bewegen sich zwischen 0.4 und 0.5, was einer mittleren Konzentration entspricht. Die Tatsache, dass sich die folgende Diskussion mit diesen, relativ zum Gesamtspektrum des Gini-Koeffizienten kleinen, Unterschieden zwischen den Staaten befasst, muss dabei bewusst sein. Da keine ähnlichen Berechnungen vorhanden sind, die als Referenz dienen würden, können auch keine Aussagen zur Bedeutung der Unterschiede gemacht werden. Auch die Frage danach, ob der Bereich, in dem sich die Werte bewegen, eher hoch oder tief angesiedelt ist, bleibt offen, da weder ein Vergleich mit anderen, ähnlichen Währungsräumen heute noch mit früheren Beispielen vorgenommen werden kann. Um trotzdem einen Anhaltspunkt anderer Diversifikationswerte zu bekommen, wurde der Gini-Koeffizient auch für die USA berechnet. Zwar können ihre einzelnen Teilstaaten aufgrund fehlender Daten zu den verschiedenen NACE-Sektoren nicht untersucht und somit auch auf ihre Rolle im Währungsraum USA nicht weiter eingegangen werden, die Vereinigten Staaten als Ganzes liefern aber einen Vergleichswert zu den europäischen Daten. Die USA sind, verglichen mit Teilstaaten des Europäischen Währungsraumes und auch mit dem Durchschnitt aller Staaten, bezüglich Disparität der Produktion eher am tieferen Ende des Spektrums angesiedelt.

Auffällige Ausbrecher aus dem engeren Bereich rund um 0.42 gibt es nur wenige. Als besonders spezialisiert beweist sich Litauen, das sich mit einem durchschnittlichen Gini-Index von 0.51 deutlich von den restlichen Euroländern abhebt. Die eher hohen Werte rühren von einer Dominanz der Industrie, des Bereichs Handel, Instandhaltung und Gastronomie sowie der öffentlichen Verwaltung über die restlichen Aggregate des BIP her. Eher im tieferen Bereich des Spektrums sind Malta, Spanien und Italien mit einem durchschnittlichen Ungleichgewichtskoeffizienten von weniger als 0.41 angesiedelt. Diese unterscheiden sich jedoch nicht so stark vom Rest wie Litauen dies tut. Alle diese eher diversifizierten Länder weisen einen tieferen Gini-Index vor allem zwischen den Jahren 2005 und 2013/14 auf. Alle Drei haben auch gemeinsam, dass vormals eher schwächere Sektoren an Bedeutung gewinnen und eher stärkere einen leichten Rückgang erleben. Im Falle Maltas beispielsweise wächst der Sektor der Kunst,

[61] Für nachfolgende Beobachtungen siehe Tabelle 5

Unterhaltung und Erholung zwischen 2006 und 2008 um mehr als 100% an und trägt somit dazu bei, dass die Diversifikation von 0.42 auf 0.38 ansteigt. Wendet man die Argumentation des Modells der Diversifikation auf die empirischen Ergebnisse an, lässt sich aussagen, dass viele der Staaten nicht so weit diversifiziert sind, dass ein Nachfrageschock in einem spezifischen Sektor nur kleinstmögliche negative Auswirkungen auf die Beschäftigung haben wird, da ein Grossteil der Euro-Mitgliedsstaaten eine mittlere Disparität innerhalb ihrer Produktion aufweist. Die Spezialisierung ist jedoch auch nicht so stark, dass die durch einen fixierten Wechselkurs verursachten Kosten einer fehlenden Wechselkursanpassung in jedem Fall zu gravierend, die Einheitswährung also nicht die geeignete monetäre Lösung für dieses Land wäre. Da einzelne Sektoren aber teilweise einen bis zu zehnmal grösseren Anteil am BIP haben, werden sich sektorspezifische Schocks trotzdem unterschiedlich stark auswirken. Dies führt jedoch dazu, dass der Vorteil einer hohen Diversifikation nicht vollständig ausgenutzt werden kann und somit der Währungsraum nicht vollständig optimal ist. Da keiner der untersuchten Staaten eine nahezu perfekte Verteilung der Produktion aufweist, gilt dies für alle. Besonders betroffen dürfte aber Litauen sein, dessen stärkster Sektor einen bis zu fünfzehnmal grösseren Output produziert als der schwächste.

## 5. Offenheit der Wirtschaft

Um den Offenheitsgrad der Wirtschaft der Euroländer zu bewerten, wurde die Aussenhandelsquote berechnet, also das Verhältnis der gesamten Exporte und Importe zum BIP. Betreibt ein Land mehr Handel mit anderen Staaten, ist es also offener, vergrössert sich der berechnete Wert und somit auch der Vorteil eines festen Wechselkurses. Die Ergebnisse können theoretisch jeden Wert grösser als null Prozent annehmen, wobei Werte über 100% sowohl grosse Exporte als auch Importe bedeuten, die sich in der Berechnung des BIP grösstenteils aufheben, da die Wertschöpfung als Resultat klein ist. Um erweiterte Einsicht in den Nettofluss zu erhalten, wurden in Tabelle 7 die Aussenhandelsbilanzen der Euroländer berechnet. Der Vergleich der verschiedenen Euroländer zeigt deutliche Unterschiede in der Offenheit[62]: Während mehr als ein Drittel der Staaten eine Aussenhandelsquote von unter 100% besitzt, kommen auch Werte von fast dem Vierfachen des BIP vor. Die Aussage des Kriteriums der Offenheit ist, wie die zuvor besprochenen, als eine Tendenz zu interpretieren, und es ist somit auch schwer, die Grenze zwischen „offen" und „nicht offen" zu legen.

Zu den acht Ländern, deren Aussenhandelsquote zwischen 1999 und 2015 durchschnittlich weniger als 100% beträgt, kommen weitere Staaten, die im Schnitt Waren im Wert von bis zu 150% ihres Bruttoinlandsprodukts handeln. Die restlichen vier Euroländer bilden keine so eingegrenzte Gruppe; während die Slowakei nur knapp mehr als 150% gehandelte Güter aufweist, heben sich Irland mit ca. 173%, Malta mit 263% und Luxemburg mit ganzen 313% Aussenhandelsquote deutlich vom Rest der Länder und auch vom Durchschnitt im Euroraum (74.8%) ab. Alle Mitgliedsstaaten des Euro weisen aber eine Gemeinsamkeit auf; sie alle handeln mit Exporten und Importen im Wert von mindestens 50% des BIP.

Betrachtet man den zeitlichen Bereich zwischen der Einführung des Euro 1999 und den neuesten verfügbaren Daten, so lässt sich eine gewisse Tendenz zu einer grösseren Offenheit mit dem Verlauf der Zeit feststellen. Viele der Staaten, die 1999 eine eher tiefe Offenheit besassen, zeigen ein schwächeres Anwachsen der Aussenhandelsquote als Länder, die bereits zu Beginn der untersuchten Periode eine stärkere Ausprägung der Exporte und Importe zeigten. In den Fällen Deutschlands, Estlands, Griechenlands, Spaniens, Frankreichs, Italiens, Lettlands, Portugals und Finnlands vergrösserte sich die Offenheit jeweils um 10-30%. Einige Länder, die von einer etwas offeneren Ausgangslage ausgingen, steigerten ihre Exporte und Importe jedoch stärker; Belgien, Irland, Malta, die Niederlande und Slowenien, die 1999 alle 115% Offenheit oder mehr besassen, steigerten diese im Verlaufe der nächsten 16 Jahre um

---

[62] Für alle nachfolgenden Untersuchungen siehe Tabelle 6 und 7

weitere 40-55%. Einige wenige Staaten wiesen mit 78% im Falle Litauens, 85% in dem der Slowakei und mit ganzen 149% im Falle Luxemburgs ein noch stärkeres Anwachsen der Aussenhandelsquote auf. Zypern verzeichnete als einziges Euroland einen Rückgang seiner Offenheit; sein Aussenhandelsanteil sank um 10%. Das allgemein zu beobachtende Wachstum verlief jedoch nicht in jedem Fall monoton, tatsächlich teilen sich einige Länder das gleiche Muster, was den Verlauf des Anstiegs betrifft. Alle der untersuchten Staaten mit der Ausnahme Irlands wiesen im Jahr 2009 eine etwas tiefere bis deutlich gesunkene Offenheit als im Vorjahr auf. In allen Fällen stieg die Aussenhandelsquote 2010 und in den anschliessenden Jahren jedoch wieder an, zum Teil sogar auf einen höheren Wert als 2008. Aufschlüsse zu dieser Beobachtung sind der Literatur nicht zu entnehmen, jedoch wird vermutet, dass das Phänomen eine Folge der Finanzmarktkrise der Jahre 2007 und 2008 sein könnte.

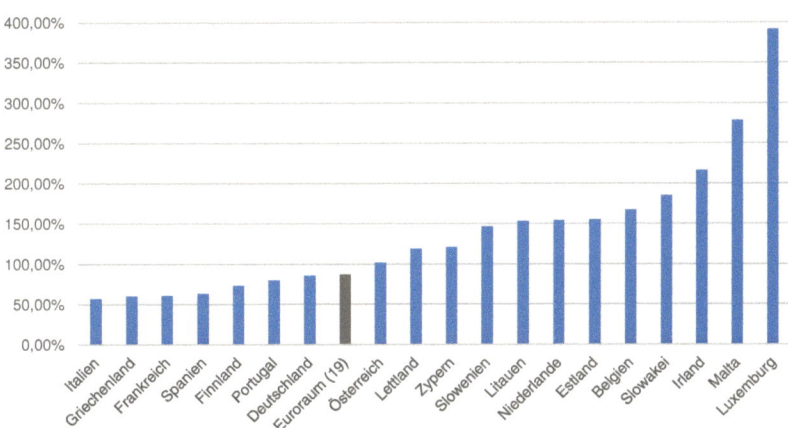

Abbildung 9: Offenheitsgrad anhand der Aussenhandelsquote für das Jahr 2015.

Aus der Theorie zum Modell des Offenheitskriteriums lassen sich einige Schlüsse zur Optimalität des Europäischen Währungsraumes ziehen. Erstens zeigen die deutlichen Unterschiede der Offenheitsgrade, dass die Länder verschieden stark von den erarbeiteten Vor- und Nachteilen der Gemeinschaftswährung betroffen sind, anders als beispielsweise beim Kriterium der Diversifikation. Die grossen Kernstaaten des Euroraumes, Deutschland, Frankreich, Italien und Spanien haben vergleichsweise eine kleine Aussenhandelsquote. Dies bedeutet, dass sie eher gering von den skizzierten Problemen einer offenen Wirtschaft mit einem flexiblen Wechselkurs betroffen wären, nähmen sie nicht am Euro teil. Ihr Offenheitsgrad schlüge also eher ein System flexibler Wechselkurse vor, in dem sie nicht von den Kosten der Einheitswährung betroffen wären. Andere Länder hingegen eignen sich aufgrund ihrer hohen Offenheit für den Euro; ein flexibler Wechselkurs würde für sie gemäss McKinnon (1963) die Rolle eines effektiven Anpassungsinstruments nicht erfüllen. Dies gilt besonders für die Staaten, deren Aussenhandelsquote sich substantiell von den anderen Euroländern abhebt, also Luxemburg, Malta und Irland. Wie die dazwischenliegenden Werte von beispielsweise Österreich oder Lettland zu bewerten sind, wird aufgrund der Modellhaftigkeit des Kriteriums nicht schlüssig klar. Eine Tendenz zu mehr Offenheit ist jedoch bei fast allen untersuchten Ländern zu erkennen und lässt so erwarten, dass sich die Optimalität des Europäischen Währungsraumes in Bezug auf die Offenheit steigern wird.
Die bisherigen Untersuchungen der Aussenhandelsquote zeigen die handelbaren Güter im Verhältnis zum BIP, lassen aber keine Aussagen darüber zu, wie die gehandelten und produ-

zierten Waren in nominalen Volumenwerten auf die Euroländer verteilt sind. Die entsprechende Gegenüberstellung zeigt auf, dass es vor allem Länder mit eher kleiner Produktion sind, die den grössten Offenheitsgrad besitzen. Solche Länder spezialisieren häufig ihre Wirtschaft auf wenige Produkte[63], die sie besonders effizient herstellen und auf dem internationalen Markt verkaufen können, importieren aber auch eine grosse Menge anderer Güter, die im Inland nicht hergestellt werden. Grössere, diversifiziertere Staaten betreiben hingegen weniger Aussenhandel, da bereits ein breiter Warenkorb im Inland produziert wird. Vergleicht man die Werte zur Offenheit mit dem Volumenvergleich der Produktion und der gehandelten Güter, so wird genau dies sichtbar; die grössten Staaten des Euroraumes weisen eine vergleichsweise tiefe Offenheit auf. Dieser Umstand ist der Grund dafür, dass der durchschnittliche Offenheitsgrad des Euroraumes eher tief liegt, obwohl viele der untersuchten Staaten den Wert deutlich übertreffen.

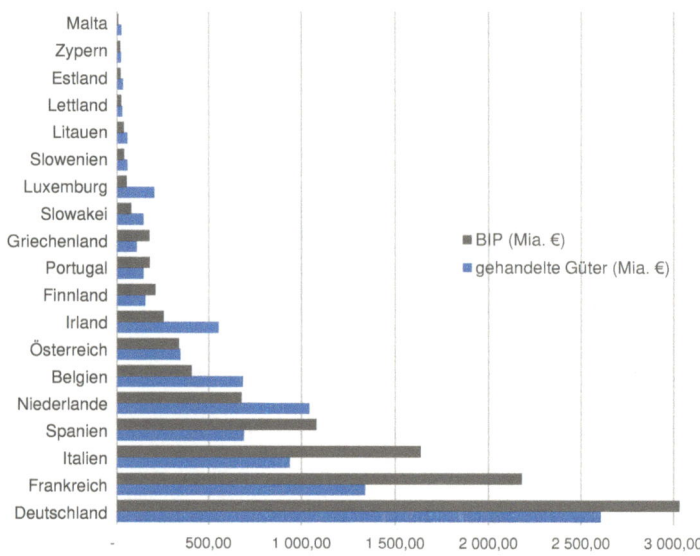

Abbildung 10: Volumenvergleich der handelbaren Güter und des BIP im Jahr 2015.

---

[63] Siehe Kapitel 4

# IV. Diskussion

## 1. Schlussfolgerungen

Zusammenfassend lassen sich einige Schlüsse zur Thematik der optimalen Währungsräume und deren Anwendung auf praktische Beispiele ziehen. Einerseits sollen im folgenden Abschnitt die Ergebnisse aus der Auseinandersetzung mit der theoretischen Herangehensweise zusammengefasst und so Antwort auf die erste Fragestellung gegeben werden. Anderseits soll aber anhand von Folgerungen auf die zweite Fragestellung nach der Optimalität des Euroraumes eingegangen werden.

Die Auseinandersetzung mit den Elementen der „klassischen" Theorie der optimalen Währungsräume zeigte, dass Optimalität von drei bedeutenden Ökonomen auf drei unterschiedliche Weisen definiert werden.

- Mobilität von Arbeit und Kapital zwischen Regionen des Währungsraumes dienen als Ausgleichsinstrument und ersetzen so den relativen Preis, der mit dem Wechselkurs eliminiert wurde.
  - ➢ Optimale Währungsräume sind Bereiche hoher Faktormobilität.
- Eine diversifizierte Produktionsstruktur verhindert eine zu starke Auswirkung eines asymmetrischen Schocks, der ohne flexiblen Wechselkurs nicht durch eine Änderung des Währungswertes abgefangen werden kann.
  - ➢ Optimale Währungsräume beinhalten stark diversifizierte Regionen.
- Ein flexibler Wechselkurs eignet sich für offenere Wirtschaften nicht als langfristiges Anpassungsinstrument zur Erreichung von Optimalität.
  - ➢ Optimale Währungsräume beinhalten offene Regionen.

Entfernt man sich von dieser ursprünglichen Herangehensweise an die Thematik beziehungsweise wendet man sich einem weiteren Kreis von theoretischen Modellen und Optimalitätsdefinitionen sowie verschiedenen empirisch-praktischen Ansätzen zu, zeigt sich, dass sich ein extrem breites Feld an verschiedenen Ideen auftut. Zunehmend bekommt auch der wirtschaftspolitische Aspekt eines Währungsraumes mehr Bedeutung, und die Diskussion weitet sich von einer rein wirtschaftlichen Analyse zu einer Mischform aus wirtschaftlichen und politischen Voraussetzungen von Regionen für einen fixen Wechselkurs oder eine Gemeinschaftswährung aus. Egal welcher Natur die Ansätze auch sein mögen, es geht schlussendlich immer noch darum, einen Währungsraum so abzugrenzen, dass seine Kosten minimal und sein Nutzen maximal sind.

Die Antwort auf die zweite Fragestellung fällt unterschiedlich aus, je nach Kriterium, das betrachtet wird. Die Mobilität der Arbeit ist in einem Grossteil der Eurostaaten mit durchschnittlich weniger als 2% der Gesamtbevölkerung relativ tief, seien es fehlende Pull-Faktoren oder zu hohe Hindernisse, die das Arbeiten in einem anderen Land zu wenig attraktiv machen beziehungsweise zu stark erschweren. Obwohl einzelne Länder einen grossen Zu- und Abfluss von Arbeitskräften verzeichnen, bedeutet dies, dass der Euroraum in Bezug auf Arbeitsmobilität nicht optimal ist. Im zweiten Bereich der Faktormobilität sieht es ähnlich aus: Eine grosse Anzahl von Staaten weist nur eine geringe Erfüllung des Kriteriums auf, wobei gewisse Ausnahmen bestehen. Irland, Luxemburg und Zypern scheinen bei den Faktormobilitätskriterien durchschnittlich am besten abzuschneiden und zeigen so am ehesten die Voraussetzungen für eine Gemeinschaftswährung im Sinne der Mundellschen Definition von Optimalität.

Die empirischen Ergebnisse zur Diversifikation weisen nur minimale Unterschiede zwischen den Eurostaaten auf, wobei alle Werte in einem mittleren Bereich angesiedelt sind. Dieses Resultat deutet darauf hin, dass nicht das höchste Mass an möglicher Optimalität erreicht ist. Dies gilt jedoch im Unterschied zu den anderen beiden Kriterien für alle Staaten des Euro. Asymmetrische Schocks können so jedes Land unterschiedlich hart treffen und eine erhöhte Arbeitslosigkeit und Preisinstabilität verursachen.

Der Offenheitsgrad fällt unter den Eurostaaten sehr verschieden aus. Während eine Gruppe von grösseren Staaten eine relativ tiefe Aussenhandelsquote aufweist und somit eher einen flexiblen Wechselkurs favorisieren würde, ist auch eine grosse Anzahl von Ländern relativ offen und Irland, Malta und Luxemburg sogar sehr offen. Nach dem McKinnonschen Kriterium wären also die Voraussetzungen für ein System fixierter Wechselkurse für den grösseren Teil der Euroländer gegeben.

Eine von den Fragestellungen unabhängige Folgerung lässt sich zudem ziehen: Die Charakterisierung und vor allem die praktische Anwendung der Theorie der optimalen Währungsräume stellt sich als äusserst schwierig heraus. Eine klare Methodik ohne eine zu starke Vereinfachung herauszuarbeiten, wird durch eine extrem grosse Anzahl von Einflüssen der realen Volkswirtschaft fast verunmöglicht. Die Thematik ist auch nicht auf jeden Währungsraum auf die gleiche Art anwendbar, da einige politische Faktoren die Optimalität mitbeeinflussen.

## 2. Weiterführendes

Die Untersuchung der Optimalität des Europäischen Währungsraumes im Rahmen dieser Arbeit bezog sich nur auf einen Teil der vielfältigen Herangehensweisen wie Optimalität definiert und gemessen werden kann. Einige der weiterführenden Möglichkeiten wurden kurz aufgegriffen, andere komplett aus der Arbeit weggelassen. Die vorliegende Auseinandersetzung mit der Thematik zeigt deren schiere Grösse und Vertiefungsmöglichkeiten auf, macht aber auch klar, dass eine vollständige Erarbeitung aller Facetten der Themenstellung einen um ein Vielfaches grösseren Rahmen erfordern würde.

Zu den prominentesten, hier nicht behandelten Kriterien gehören sowohl die Ansätze der Konvergenz und der wirtschaftspolitischen Reformfähigkeit, als auch weitere empirische Methoden, die „klassischen" Ansätze auf eine andere Art zu messen.

Eine Eigenheit des Europäischen Wirtschafts- und Währungsraumes, die in der Literatur sowie auch einigen Berichten auftaucht, hier aber nicht behandelt wird, ist die starke politische Prägung der Diskussionen um die anfängliche Einführung sowie auch die Ausgestaltung des Euro als europäische Gemeinschaftswährung. In vieler Hinsicht spielt der politische Gedanke der europäischen Einheit, dem auch die monetäre Politik folgen muss, eine wichtige Rolle in der praktischen Findung von richtungsweisenden Entscheidungen. Eine erweiterte Analyse der Rolle der Theorie der optimalen Währungsräume in diesem Prozess könnte aufschlussreiche Ergebnisse liefern.

Die aufgezeigten Schwierigkeiten innerhalb des Europäischen Währungsraumes lassen die Frage danach offen, welche Bedeutung diese auf die zukünftige Ausgestaltung der monetären Politik Europas haben. So stellt sich die Frage danach, ob beispielsweise eine Verkleinerung oder Unterteilung des jetzigen Währungsraumes die Optimalität aller teilhabenden Parteien steigern würde. Falls ja, wäre zu ermitteln ob es mehrere grosse Währungsräume geben sollte oder es sinnvoller wäre, wenn einzelne Staaten zu ihren vormaligen nationalen Währungen zurückkehrten. Solche Untersuchungen praktischer Ansätze einer Verbesserung der Optimalität eines Währungsraumes könnten die Theorie der optimalen Währungsräume im klassischen Sinne konstruktiv ergänzen.

# V. Anhänge

## 1. Glossar

### Arbitrage

Die Arbitrage beschreibt eine Transaktion zwischen einem Markt mit günstigeren und einem anderen mit schlechteren Bedingungen, bei der nur basierend auf einem unvollständigen Marktgleichgewicht ein Gewinn realisiert wird. Es ist im Gegensatz zu einem Spekulationsgeschäft risikolos, da alle Bedingungen zu jedem Zeitpunkt bekannt sind (Geigant, Sobotka, & Westphal, 1987).

### Aussenbilanz

Die Aussenbilanz oder Handelsbilanz ist Teil der Leistungsbilanz und somit Unterelement der Zahlungsbilanz einer Volkswirtschaft. Sie stellt die Warenexporte den Warenimporten gegenüber. Von einer positiven Aussenbilanz spricht man dann, wenn die gesamten Exporte die Importe übersteigen, von einer negativen wenn die Importe die Exporte übersteigen (Krugman & Obstfeld, 2006).

### Kapital

Das Kapital beschreibt die neben Arbeit und Boden zur Produktion von Gütern notwendigen Mittel. Einerseits ist dies Realkapital wie Ausrüstung oder Maschinen und anderseits auch Geldkapital mit dem zum Beispiel zur Produktion notwendige Dienstleistungen bezahlt werden. In einer kapitalistischen Marktwirtschaft wird von einem Privatbesitz dieses Kapitals ausgegangen (Mankiw & Taylor, 2008).

### Kapitalansammlung

Unter Kapitalansammlung, auch Kaptialakkumulation oder –bildung genannt, versteht man die Vergrösserung des Kapitals durch eine Investition in die Marktwirtschaft. Dabei wird der Bestand eines Landes an Gebäuden, Ausrüstungen und Vorräten vergrössert (Samuelson & Nordhaus, 1987).

### NACE-Zweige

Die Nomenclature statistique des activités économiques dans la Communauté européenne ist eine statistische Systematik der Wirtschaftszweige der Europäischen Union. Sie bildet den Rahmen für die Erhebung und Einteilung von diversen Daten aus der Wirtschaft (Eurostat, 2016h).

### Nachfrageelastizität

Die Elastizität der Nachfrage beschreibt den Absatzrückgang bei einer gewissen Preiserhöhung. Die Nachfrage nach einem Gut ist dann umso elastischer, je weniger die nachgefragte Menge bei einer Preiserhöhung sinkt (Krugman & Obstfeld, 2006).

### Nachfrageschock

Ein Nachfrageschock beschreibt ein brüskes Ereignis, das die Nachfrage nach einem oder mehreren Gütern plötzlich steigen oder sinken lässt (Beck, 2015).

Terminkurs

Der Terminkurs ist der Wechselkurs einer Währung der für den Abschluss eines Terminge-
schäfts gilt. Dabei wird das Austauschverhältnis zweier Währungen zu einem gewissen zukünftigen Zeitpunkt schon in der Gegenwart festgelegt, das Geschäft aber erst in der Zukunft
erfüllt (Geigant, Sobotka, & Westphal, 1987).

Terms of Trade

Die Terms of Trade, auch das Realaustauschverhältnis genannt, beschreibt den Preis eines
gewissen Warenkorbes in zwei Ländern. Bei einem ausgeglichenen Verhältnis bekommt man
im einen Land für eine Anzahl von Gütern, die man exportiert gleich viele Güter im Import. Ist
der reale Preis der Importe tiefer als der der Exporte, spricht man von guten Terms of Trade,
sind sie höher, von schlechten (Krugman & Obstfeld, 2006).

Währungsraum

Als einen Währungsraum wird ein Gebiet beschrieben, in dem eine einzige Währung benutzt
wird. Dieser kann mit einer Nation kongruent sein, nur einen Teil eines Landes oder mehrere
Länder umfassen (Mankiw & Taylor, 2008).

Wechselkursmechanismus II

Das System des Wechselkursmechanismus II (WMK II) gilt für alle EU-Staaten ausserhalb des
Wirtschafts- und Währungsraumes und verpflichtet diese zur Einhaltung eines Wechselkurs-
zielbandes von ±15% gegenüber dem Euro. Dies soll dazu dienen, dass die betroffenen Staaten nicht durch eine zu starke Abwertung der eigenen Währung bei gleichzeitiger Teilnahme
am europäischen Binnenhandel einen zu starken Wettbewerbsvorteil erhalten. Der WMK II ist
Teil der Kriterien von Maastricht und somit auch eines Beitritts zum Euro (Krugman & Obstfeld,
2006).

## 2. Vollständige Datentabellen

### 2.1 Arbeitsmobilität

| GEO/TIME | 1999 | 2000 | 2001 | 2002 | 2003 | 2004 | 2005 | 2006 | 2007 | 2008 | 2009 | 2010 | 2011 | 2012 | 2013 | 2014 |
|---|---|---|---|---|---|---|---|---|---|---|---|---|---|---|---|---|
| Belgien | 0,8971% | 0,8730% | 1,0758% | 1,1044% | 1,0821% | 1,1277% | 1,2714% | 1,3100% | 1,3832% | N/A | N/A | 1,2480% | 1,3154% | 1,3284% | 1,0595% | 1,1143% |
| Deutschland | 1,0654% | 1,0238% | 1,0688% | 1,0220% | 0,9317% | 0,9453% | 0,8574% | 0,8029% | 0,8270% | 0,8297% | 0,4222% | 0,4939% | 0,6101% | 0,7372% | 0,8603% | 1,0956% |
| Estland | N/A | 0,0025% | 0,0173% | 0,0416% | 0,0703% | 0,0803% | 0,1057% | 0,1654% | 0,2786% | 0,2743% | 0,2908% | 0,2108% | 0,2789% | 0,1991% | 0,3112% | 0,2967% |
| Irland | 1,3846% | 1,5195% | 1,6939% | 1,5828% | 1,4852% | 1,9379% | 2,4807% | 3,3134% | 2,8205% | 1,8528% | 1,1192% | 1,1505% | 1,1644% | 1,1879% | 1,2915% | 1,4635% |
| Griechenland | 0,7880% | 1,0139% | 0,9087% | 0,6174% | 0,5784% | 0,6112% | 0,6466% | 0,5733% | 0,5736% | 0,6015% | 0,5283% | 0,5438% | 0,5402% | 0,5250% | 0,5266% | 0,5401% |
| Spanien | 0,3160% | 0,8956% | 1,0200% | 1,1777% | 1,1237% | 1,6089% | 1,6613% | 1,9106% | 2,1397% | 1,3118% | 0,8498% | 0,7759% | 0,7957% | 0,6494% | 0,6009% | 0,6567% |
| Frankreich | N/A | N/A | N/A | N/A | N/A | N/A | N/A | 0,4769% | 0,4619% | 0,4634% | 0,4615% | 0,4750% | 0,4922% | 0,5016% | 0,5071% | 0,5159% |
| Italien | 0,3252% | 0,3987% | 0,3656% | 0,3741% | 0,7707% | 0,7216% | 0,5269% | 0,4817% | 0,9053% | 0,9117% | 0,7507% | 0,7752% | 0,6499% | 0,5906% | 0,5151% | 0,4568% |
| Zypern | 1,2483% | 1,8485% | 2,5066% | 0,9836% | 1,1182% | 1,2454% | 1,4078% | 1,7576% | 2,5502% | 2,7128% | 2,8335% | 2,4667% | 2,7433% | 2,0274% | 1,5186% | 1,0669% |
| Lettland | 0,0756% | 0,2722% | 0,2284% | 0,2862% | 0,1767% | 0,2128% | 0,2974% | 0,3686% | 0,3403% | 0,2134% | 0,1725% | 0,1892% | 0,4933% | 0,6506% | 0,4101% | 0,5179% |
| Litauen | 0,0758% | 0,0430% | 0,1346% | 0,1479% | 0,1378% | 0,1634% | 0,2023% | 0,2354% | 0,2649% | 0,2894% | 0,2037% | 0,1659% | 0,5138% | 0,6606% | 0,7406% | 0,8254% |
| Luxemburg | 2,9938% | 2,7133% | 2,7642% | 2,7251% | 2,9351% | 2,8293% | 3,1214% | 3,0596% | 3,5018% | 3,6705% | 3,1917% | 3,3784% | 3,9598% | 3,9017% | 3,9286% | 4,0627% |
| Malta | N/A | N/A | N/A | N/A | N/A | N/A | 0,5153% | 0,9602% | 1,3047% | 1,4817% | 1,4993% | 1,0325% | 1,3169% | 1,7030% | 2,0002% | 2,1030% |
| Niederlande | 0,7560% | 0,8374% | 0,8344% | 0,7529% | 0,6454% | 0,5783% | 0,5660% | 0,6193% | 0,7141% | 0,8748% | 0,7456% | 0,7649% | 0,7812% | 0,7446% | 0,7713% | 0,8635% |
| Österreich | 1,0863% | 1,0207% | 1,1212% | 1,3409% | 1,3811% | 1,5050% | 1,3957% | 1,1937% | 0,8797% | 0,8880% | 0,8314% | 0,8499% | 0,9818% | 1,0889% | 1,2052% | 1,3667% |
| Portugal | 0,6705% | 0,7589% | 0,5964% | 0,4869% | 0,3009% | 0,2014% | 0,2072% | 0,2163% | 0,2816% | 0,2816% | 0,3059% | 0,2608% | 0,1860% | 0,1385% | 0,1674% | 0,1872% |
| Slowenien | 0,2498% | 0,3112% | 0,3921% | 0,4581% | 0,4651% | 0,5095% | 0,7530% | 0,9991% | 1,4521% | 1,5268% | 1,4907% | 0,7531% | 0,6869% | 0,7308% | 0,6737% | 0,6718% |
| Slowakei | 0,0384% | 0,0421% | 0,0376% | 0,0430% | 0,0484% | 0,0830% | 0,0982% | 0,1040% | 0,1605% | 0,3315% | 0,2906% | 0,2555% | 0,0896% | 0,1003% | 0,0952% | 0,0989% |
| Finnland | 0,2858% | 0,3267% | 0,3658% | 0,3487% | 0,3426% | 0,3895% | 0,4078% | 0,4272% | 0,4933% | 0,5493% | 0,5013% | 0,4790% | 0,5485% | 0,5791% | 0,5886% | 0,5780% |

Tabelle 1: Einwanderung im Verhältnis zur Gesamtbevölkerung. Eingefärbt sind besonders hohe Immigrationswerte (Eurostat, 2016).

44

| GEO/TIME | 1999 | 2000 | 2001 | 2002 | 2003 | 2004 | 2005 | 2006 | 2007 | 2008 | 2009 | 2010 | 2011 | 2012 | 2013 | 2014 |
|---|---|---|---|---|---|---|---|---|---|---|---|---|---|---|---|---|
| Belgien | 0,7255% | 0,7356% | 0,7333% | 0,7368% | 0,7667% | 0,8070% | 0,8319% | 0,8387% | 0,8602% | N/A | N/A | 0,6090% | 0,6134% | 0,6735% | 0,8135% | 0,8030% |
| Deutschland | 0,8192% | 0,8204% | 0,7373% | 0,7560% | 0,7589% | 0,8453% | 0,7617% | 0,7752% | 0,7737% | 0,8975% | 0,3495% | 0,3086% | 0,3104% | 0,2988% | 0,3221% | 0,4014% |
| Estland | 0,1365% | 0,1273% | 0,1562% | 0,1473% | 0,2235% | 0,2142% | 0,3393% | 0,4092% | 0,3265% | 0,3292% | 0,3487% | 0,3971% | 0,4673% | 0,4770% | 0,5105% | 0,3524% |
| Irland | 0,7456% | 0,6962% | 0,6718% | 0,7276% | 0,6861% | 0,7117% | 0,8354% | 1,0553% | 1,1069% | 1,4791% | 1,5410% | 1,7167% | 1,9045% | 1,9516% | 1,8251% | 1,7569% |
| Griechenland | 0,5041% | 0,4361% | 0,4237% | 0,3617% | 0,3429% | 0,3477% | 0,3517% | 0,3487% | 0,3661% | 0,3892% | 0,3938% | 0,5580% | 0,8307% | 1,1247% | 1,0641% | 0,9774% |
| Spanien | N/A | N/A | N/A | 0,0892% | 0,0621% | 0,1295% | 0,1571% | 0,3233% | 0,5070% | 0,6316% | 0,8221% | 0,8677% | 0,8765% | 0,9539% | 1,1392% | 0,8609% |
| Frankreich | N/A | N/A | N/A | N/A | N/A | N/A | N/A | 0,2995% | 0,3462% | 0,3746% | 0,4112% | 0,4169% | 0,4488% | 0,3921% | 0,4372% | 0,4463% |
| Italien | 0,1140% | 0,0994% | 0,0984% | 0,0733% | 0,0853% | 0,0868% | 0,0932% | 0,1006% | 0,0878% | 0,1380% | 0,1366% | 0,1331% | 0,1389% | 0,1788% | 0,2107% | 0,2243% |
| Zypern | N/A | N/A | N/A | 0,2089% | 0,2376% | 0,2646% | 0,2990% | 0,3734% | 0,5417% | N/A | 0,6019% | 0,5241% | 0,5829% | 2,1003% | 2,9135% | 2,8152% |
| Lettland | 0,2458% | 0,9620% | 1,0427% | 0,6823% | 0,6805% | 0,8859% | 0,7842% | 0,7639% | 0,7001% | 1,2339% | 1,7666% | 1,8699% | 1,4610% | 1,2306% | 1,1148% | 0,9502% |
| Litauen | 0,6622% | 0,6212% | 0,7984% | 0,4840% | 0,7659% | 1,1089% | 1,7252% | 0,9845% | 0,9349% | 0,8015% | 1,2092% | 2,6466% | 1,7645% | 1,3683% | 1,3062% | 1,2441% |
| Luxemburg | 1,8896% | 1,8729% | 2,0100% | 2,1286% | 1,7279% | 1,8639% | 1,7967% | 1,9188% | 2,2416% | 2,0790% | 1,8578% | 1,8527% | 1,8099% | 1,9895% | 2,0017% | 2,0526% |
| Malta | N/A | N/A | N/A | N/A | N/A | N/A | N/A | 0,9469% | 0,9196% | 0,9119% | 0,9413% | 1,0147% | 0,9171% | 0,9592% | 1,2350% | 1,3886% |
| Niederlande | 0,3745% | 0,3858% | 0,3961% | 0,4143% | 0,4254% | 0,4616% | 0,5115% | 0,5573% | 0,5581% | 0,5490% | 0,5631% | 0,5790% | 0,6256% | 0,6601% | 0,6712% | 0,6709% |
| Österreich | 0,8384% | 0,8057% | 0,9058% | 0,9280% | 0,8888% | 0,8808% | 0,8551% | 0,9017% | 0,6024% | 0,6206% | 0,6388% | 0,6185% | 0,6113% | 0,6162% | 0,6398% | 0,6288% |
| Portugal | 0,1378% | 0,1041% | 0,0522% | 0,0848% | 0,0640% | 0,0645% | 0,0606% | 0,0533% | 0,0749% | 0,1929% | 0,1600% | 0,2247% | 0,4161% | 0,4928% | 0,5129% | 0,4754% |
| Slowenien | 0,1317% | 0,1796% | 0,2417% | 0,3645% | 0,2941% | 0,4142% | 0,4308% | 0,6863% | 0,7433% | 0,6024% | 0,9244% | 0,7786% | 0,5865% | 0,6995% | 0,6501% | 0,6956% |
| Slowakei | 0,0115% | 0,0150% | 0,0188% | 0,0262% | 0,0222% | 0,0295% | 0,0349% | 0,0323% | 0,0341% | 0,0903% | 0,0883% | 0,0825% | 0,0345% | 0,0371% | 0,0512% | 0,0673% |
| Finnland | 0,2319% | 0,2767% | 0,2539% | 0,2481% | 0,2321% | 0,2616% | 0,2362% | 0,2304% | 0,2358% | 0,2577% | 0,2281% | 0,2225% | 0,2355% | 0,2563% | 0,2560% | 0,2841% |

Tabelle 2: Auswanderung im Verhältnis zur Gesamtbevölkerung. Hervorgehoben sind besonders hohe Emigrationswerte (Eurostat, 2016g).

| GEO/TIME | 1999 | 2000 | 2001 | 2002 | 2003 | 2004 | 2005 | 2006 | 2007 | 2008 | 2009 | 2010 | 2011 | 2012 | 2013 | 2014 | 2015 |
|---|---|---|---|---|---|---|---|---|---|---|---|---|---|---|---|---|---|
| Ø Euroraum (19) | 0,2408% | 0,2317% | 0,3346% | 0,4671% | 0,4799% | 0,4443% | 0,3828% | 0,3458% | 0,4687% | 0,2958% | 0,1450% | 0,1418% | 0,1461% | 0,1957% | 0,4174% | 0,1998% | 0,4349% |
| Ø Euroraum (18) | 0,2501% | 0,2406% | 0,3455% | 0,4758% | 0,4917% | 0,4589% | 0,4025% | 0,3568% | 0,4800% | 0,3037% | 0,1561% | 0,1666% | 0,1590% | 0,2039% | 0,4262% | 0,2053% | 0,4454% |
| Belgien | 0,1573% | 0,1254% | 0,3350% | 0,3750% | 0,3246% | 0,3212% | 0,4709% | 0,4967% | 0,5564% | 0,5962% | 0,5904% | 0,7972% | 0,6345% | 0,4310% | 0,2336% | 0,3051% | 0,6168% |
| Deutschland | 0,2463% | 0,2043% | 0,3341% | 0,2654% | 0,1723% | 0,0991% | 0,0989% | 0,0313% | 0,0549% | -0,0651% | -0,0130% | 0,1591% | 0,3683% | 0,4879% | 0,5656% | 0,7224% | 1,4181% |
| Estland | 2,0326% | -0,2279% | -0,2388% | -0,2144% | -0,2781% | -0,2713% | -0,3815% | -0,3954% | -0,2119% | -0,1534% | -0,1596% | -0,2749% | -0,2917% | -0,2754% | -0,2001% | -0,0467% | 0,3053% |
| Irland | 0,6496% | 0,8423% | 1,0248% | 0,8634% | 0,8124% | 1,2290% | 1,5413% | 2,2581% | 1,7137% | 0,3737% | -0,4217% | -0,5662% | -0,7384% | -0,7443% | -0,5468% | -0,3181% | 1,2681% |
| Griechenland | 0,2840% | 0,5783% | 0,4851% | 0,2557% | 0,2355% | 0,2635% | 0,2949% | 0,2247% | 0,2075% | 0,2123% | 0,1345% | -0,0142% | -0,2905% | -0,5998% | -0,5375% | -0,4319% | -0,4136% |
| Spanien | 0,3910% | 0,3907% | 0,7918% | 1,8056% | 1,5816% | 1,5636% | 1,4640% | 1,5060% | 1,7336% | 0,9548% | 0,2959% | 0,1625% | 0,1425% | -0,3045% | -0,5383% | -0,2042% | -0,0181% |
| Frankreich | 0,2615% | 0,2754% | 0,2982% | 0,3123% | 0,3182% | 0,3210% | 0,2982% | 0,1774% | 0,1159% | 0,0882% | 0,0493% | 0,0581% | 0,0296% | 0,1095% | 0,0698% | 0,0595% | 0,0690% |
| Italien | 0,0614% | 0,0870% | 0,0698% | 0,2845% | 0,7138% | 0,6312% | 0,3503% | 0,2711% | 0,7488% | 0,6073% | 0,3599% | 0,3380% | 0,1286% | 0,6225% | 1,9835% | 0,1789% | 0,0522% |
| Zypern | 0,6151% | 0,5735% | 0,6666% | 0,7747% | 0,8806% | 0,9808% | 1,1088% | 1,3843% | 2,0099% | 2,1365% | 2,2316% | 1,9426% | 2,1604% | -0,0730% | -1,3949% | -1,7483% | -0,2361% |
| Lettland | -0,1703% | -0,6898% | -0,8143% | -0,3962% | -0,5038% | -0,6731% | -0,4868% | -0,3953% | -0,3597% | -1,0205% | -1,5941% | -1,6807% | -0,9678% | -0,5800% | -0,7047% | -0,4323% | -0,5357% |
| Litauen | -0,5864% | -0,5782% | -0,6638% | -0,3360% | -0,6282% | -0,9455% | -1,5229% | -0,7491% | -0,6700% | -0,5121% | -1,0055% | 2,4807% | -1,2507% | -0,7077% | -0,5655% | -0,4188% | -0,7669% |
| Luxemburg | 1,0439% | 0,7913% | 0,7540% | 0,5966% | 1,2068% | 0,9662% | 1,3239% | 1,1412% | 1,2602% | 1,5916% | 1,3339% | 1,5257% | 2,1499% | 1,9122% | 1,9269% | 2,0101% | 1,9822% |
| Malta | 0,2686% | 0,3100% | 0,5552% | 0,4417% | 0,4196% | 0,4802% | 0,3986% | 0,0133% | 0,3851% | 0,5698% | 0,5580% | 0,0179% | 0,3998% | 0,7439% | 0,7651% | 0,7144% | 0,9726% |
| Niederlande | 0,2777% | 0,3595% | 0,3502% | 0,1711% | 0,0438% | -0,0613% | -0,1400% | -0,1586% | -0,0055% | 0,1883% | 0,2337% | 0,1959% | 0,1815% | 0,0842% | 0,1169% | 0,2108% | 0,3280% |
| Österreich | 0,2479% | 0,2158% | 0,5237% | 0,4262% | 0,5255% | 0,6645% | 0,6089% | 0,3037% | 0,2823% | 0,2930% | 0,2121% | 0,2632% | 0,3740% | 0,5260% | 0,6534% | 0,7747% | 1,4330% |
| Portugal | 0,5326% | 0,6548% | 0,5441% | 0,4021% | 0,2368% | 0,1369% | 0,1466% | 0,1631% | 0,2067% | 0,0887% | 0,1459% | 0,0361% | -0,2301% | -0,3542% | -0,3454% | -0,2877% | -0,1010% |
| Slowenien | 0,5445% | 0,1382% | 0,2494% | 0,1107% | 0,1769% | 0,0861% | 0,3222% | 0,3129% | 0,7088% | 0,9245% | 0,5662% | -0,0255% | 0,1004% | 0,0313% | 0,0237% | -0,0238% | 0,0246% |
| Slowakei | 0,0270% | -0,4131% | 0,0188% | -0,0630% | -0,0462% | -0,0202% | -0,0133% | -0,0065% | 0,0431% | 0,0398% | -0,0055% | -0,0914% | 0,0550% | 0,0632% | 0,0440% | 0,0316% | 0,0577% |
| Finnland | 0,0664% | 0,0466% | 0,1186% | 0,1012% | 0,1115% | 0,1288% | 0,1748% | 0,2017% | 0,2630% | 0,2904% | 0,2735% | 0,2571% | 0,3091% | 0,3262% | 0,3305% | 0,2832% | 0,2298% |

Tabelle 3: Wanderungssaldo einschliesslich statistischer Anpassungen im Verhältnis zur Gesamtbevölkerung. Hervorgehoben sind besonders starke Zu- und Abwanderungen (Eurostat, 2016c). (Eurostat, 2016d).

## 2.2 Kapitalmobilität

| GEO/TIME | 1995 | 1996 | 1997 | 1998 | 1999 | 2000 | 2001 | 2002 | 2003 | 2004 | 2005 | 2006 | 2007 | 2008 | 2009 | 2010 | 2011 | 2012 | 2013 |
|---|---|---|---|---|---|---|---|---|---|---|---|---|---|---|---|---|---|---|---|
| Ø Euroraum (18) | -7,41% | -6,03% | -3,67% | -6,66% | -8,30% | -11,55% | -10,19% | -7,28% | -9,15% | -5,16% | -8,17% | -7,78% | -7,46% | -13,59% | -11,94% | -11,67% | -11,47% | -2,74% | 0,56% |
| Ø Euroraum (12) | -7,34% | -5,75% | -3,33% | -6,43% | -8,10% | -11,37% | -9,95% | -7,00% | -8,84% | -4,72% | -7,69% | -7,11% | -6,73% | -12,89% | -11,79% | -11,45% | -11,37% | -2,60% | 0,66% |
| Belgien | 12,79% | 9,73% | 11,55% | 10,94% | 11,94% | 9,15% | 9,21% | 15,78% | 14,42% | 9,26% | 3,61% | 5,24% | 6,73% | -4,92% | -8,20% | -0,03% | -9,52% | -15,32% | -15,10% |
| Deutschland | -15,14% | -12,93% | -12,44% | -14,09% | -18,20% | -20,45% | -14,69% | -2,80% | -3,15% | 11,33% | 12,98% | 16,93% | 19,80% | 14,98% | 16,88% | 14,47% | 10,91% | 17,84% | 17,84% |
| Estland | -34,24% | -41,03% | -70,92% | -56,40% | -33,81% | -23,91% | -30,80% | -50,36% | -61,00% | -58,43% | -40,63% | -72,13% | -72,74% | -45,04% | 8,19% | 7,39% | 1,31% | -14,11% | -9,32% |
| Irland | 6,57% | 0,03% | 1,01% | -1,42% | -8,34% | -6,29% | -17,27% | -23,63% | -16,60% | -21,78% | -34,49% | -35,16% | -41,73% | -57,96% | -72,98% | -31,45% | -42,31% | -47,74% | N/A |
| Griechenland | N/A | N/A | N/A | N/A | N/A | -137,41% | -127,03% | -167,77% | -132,79% | -120,10% | -115,97% | -150,51% | -211,20% | 320,64% | 346,94% | 264,80% | -243,70% | -39,52% | -6,90% |
| Spanien | -6,08% | -5,95% | -4,10% | -9,19% | -16,10% | -22,44% | -24,01% | -20,79% | -22,13% | -31,31% | -39,10% | -46,00% | -53,23% | -55,51% | -32,41% | -31,95% | -29,82% | -8,93% | 1,50% |
| Frankreich | -13,48% | -10,76% | -2,38% | -3,08% | -2,48% | -9,53% | -9,24% | -12,15% | -14,69% | -15,81% | -19,33% | -19,19% | -20,70% | -24,00% | -27,46% | -29,73% | -30,46% | -31,32% | -29,64% |
| Italien | 7,54% | 11,51% | 10,64% | 6,39% | 2,47% | -3,86% | -1,79% | -5,44% | -8,63% | -6,26% | -9,44% | -11,78% | -10,34% | -20,13% | -19,01% | -28,40% | -26,84% | -4,65% | 3,69% |
| Zypern | -54,41% | -67,74% | -85,91% | 10,60% | -40,07% | -64,11% | -59,19% | -63,20% | -52,81% | -73,11% | -83,23% | -103,36% | -170,03% | -187,60% | -191,16% | -145,94% | -58,32% | -114,43% | -58,11% |
| Lettland | -3,99% | -53,10% | -43,71% | -53,75% | -53,27% | -38,06% | -58,15% | -53,96% | -57,43% | -73,66% | -78,10% | -157,37% | -155,36% | -106,87% | 23,39% | 16,09% | -10,27% | -14,61% | -6,58% |
| Litauen | -68,63% | -70,66% | -66,56% | -92,62% | -107,43% | -51,64% | -37,15% | -37,42% | -51,39% | -54,07% | -46,61% | -70,74% | -100,96% | -101,83% | 5,48% | -8,74% | -27,32% | -13,01% | -0,67% |
| Luxemburg | N/A | N/A | N/A | N/A | N/A | N/A | N/A | N/A | N/A | N/A | N/A | 16,73% | 32,37% | 13,97% | -69,82% | -6,14% | -21,50% | -29,74% | N/A |
| Malta | N/A | N/A | N/A | N/A | N/A | N/A | N/A | N/A | N/A | N/A | N/A | N/A | N/A | N/A | N/A | N/A | N/A | N/A | N/A |
| Niederlande | 14,36% | 9,14% | 12,15% | 1,08% | 5,57% | 13,01% | 8,96% | 12,38% | 13,07% | 19,97% | 16,15% | 20,55% | 17,23% | 4,72% | -4,59% | 3,69% | 13,65% | 18,14% | 17,88% |
| Österreich | -21,28% | -19,70% | -17,86% | -14,51% | -15,20% | -12,30% | -11,28% | 3,12% | -2,03% | 1,54% | 0,63% | 5,32% | 7,12% | 8,36% | 0,22% | 5,38% | -0,56% | -1,28% | -2,13% |
| Portugal | -19,32% | -24,62% | -33,54% | -39,22% | -47,64% | -63,68% | -66,07% | -53,13% | -43,28% | -56,99% | -83,86% | -94,87% | -88,78% | -132,28% | -129,92% | -123,35% | -69,91% | -11,24% | 4,39% |
| Slowenien | -11,23% | -8,23% | -8,72% | -11,42% | -22,08% | -20,00% | -8,93% | -3,87% | -9,83% | -17,01% | -13,34% | -15,39% | -22,08% | -29,76% | -10,04% | -11,36% | -8,74% | 7,37% | 10,78% |
| Slowakei | -0,63% | -49,36% | -46,99% | -48,33% | -25,49% | -19,57% | -41,70% | -44,19% | -44,14% | -42,17% | -49,76% | -49,68% | -31,75% | -37,16% | -26,14% | -30,90% | -20,20% | -1,41% | -3,40% |
| Finnland | 3,66% | -0,77% | 5,51% | 4,10% | 11,81% | 13,45% | 16,72% | 17,64% | 5,43% | 9,30% | -1,62% | 3,52% | 2,34% | -3,18% | -8,56% | -12,38% | -28,23% | -29,59% | -32,18% |

Tabelle 4: Kapitalmobilität nach dem Feldstein-Horioka-Ansatz. Dargestellt als Differenz zwischen nationalem Sparkapital und nationalen Investitionen als Prozent des Sparkapitals. Hervorgehoben sind besonders starke Zu- und Abflüsse (Eurostat, 2016b), (Eurostat, 2016e).

| GEO/TIME | 1999 | 2000 | 2001 | 2002 | 2003 | 2004 | 2005 | 2006 | 2007 | 2008 | 2009 | 2010 | 2011 | 2012 | 2013 | 2014 | 2015 | ø |
|---|---|---|---|---|---|---|---|---|---|---|---|---|---|---|---|---|---|---|
| ø Euroraum (19) | 0,44632 | 0,44566 | 0,44417 | 0,44090 | 0,44259 | 0,44004 | 0,43717 | 0,43669 | 0,43207 | 0,43323 | 0,43487 | 0,44080 | 0,44028 | 0,44021 | 0,44240 | 0,44173 | 0,44992 | 0,44053 |
| ø Euroraum (18) | 0,44452 | 0,44303 | 0,44075 | 0,43786 | 0,43934 | 0,43618 | 0,43344 | 0,43348 | 0,42918 | 0,42993 | 0,43054 | 0,43592 | 0,43492 | 0,43432 | 0,43705 | 0,43628 | 0,44491 | 0,43657 |
| ø Euroraum (12) | 0,43393 | 0,40276 | 0,40119 | 0,40277 | 0,40123 | 0,39771 | 0,39916 | 0,40050 | 0,39622 | 0,39504 | 0,40107 | 0,40400 | 0,40321 | 0,40258 | 0,40359 | 0,40080 | 0,41263 | 0,40343 |
| Belgien | 0,46004 | 0,45610 | 0,45377 | 0,45594 | 0,45737 | 0,45543 | 0,45968 | 0,45426 | 0,45569 | 0,46074 | 0,45267 | 0,44993 | 0,44960 | 0,44803 | 0,45418 | 0,45290 | 0,45183 | 0,45460 |
| Deutschland | 0,43055 | 0,43884 | 0,43584 | 0,43670 | 0,44179 | 0,44084 | 0,44812 | 0,45189 | 0,45362 | 0,45175 | 0,43892 | 0,45287 | 0,45529 | 0,45353 | 0,44879 | 0,45483 | 0,45674 | 0,44652 |
| Estland | 0,44350 | 0,44491 | 0,44759 | 0,44456 | 0,44944 | 0,44321 | 0,43542 | 0,43129 | 0,41506 | 0,41227 | 0,42457 | 0,44175 | 0,43572 | 0,43122 | 0,43541 | 0,43330 | 0,42327 | 0,43485 |
| Irland | 0,42005 | 0,41612 | 0,42989 | 0,45398 | 0,43098 | 0,40563 | 0,39907 | 0,39563 | 0,38750 | 0,39552 | 0,47480 | 0,45610 | 0,46169 | 0,44685 | 0,43643 | 0,41373 | 0,53566 | 0,43292 |
| Griechenland | 0,40123 | 0,41344 | 0,41686 | 0,40293 | 0,40563 | 0,40279 | 0,40990 | 0,40222 | 0,41491 | 0,44486 | 0,42870 | 0,44785 | 0,46059 | 0,44394 | 0,45226 | 0,46201 | 0,47005 | 0,42825 |
| Spanien | 0,41617 | 0,41041 | 0,40573 | 0,40326 | 0,40037 | 0,40327 | 0,40247 | 0,40313 | 0,39410 | 0,39508 | 0,39296 | 0,40477 | 0,41336 | 0,41923 | 0,42751 | 0,42861 | 0,43295 | 0,40902 |
| Frankreich | 0,41918 | 0,41306 | 0,41353 | 0,41522 | 0,41876 | 0,41397 | 0,41345 | 0,40957 | 0,40458 | 0,40859 | 0,41592 | 0,40575 | 0,40822 | 0,41146 | 0,41345 | 0,41217 | 0,41441 | 0,41243 |
| Italien | 0,42770 | 0,42589 | 0,41933 | 0,41540 | 0,40719 | 0,40635 | 0,40674 | 0,40819 | 0,40685 | 0,40422 | 0,39771 | 0,40012 | 0,39793 | 0,39789 | 0,39864 | 0,40397 | 0,40935 | 0,40785 |
| Zypern | 0,42791 | 0,42862 | 0,42288 | 0,42070 | 0,43193 | 0,43197 | 0,42712 | 0,43332 | 0,42861 | 0,42658 | 0,42483 | 0,41778 | 0,41369 | 0,42047 | 0,43630 | 0,45313 | 0,45609 | 0,42953 |
| Lettland | 0,47414 | 0,44453 | 0,44750 | 0,44432 | 0,45545 | 0,45167 | 0,44358 | 0,42669 | 0,40746 | 0,40679 | 0,44123 | 0,45444 | 0,43810 | 0,42911 | 0,42672 | 0,41673 | 0,41004 | 0,43638 |
| Litauen | 0,47886 | 0,49305 | 0,50559 | 0,49550 | 0,50111 | 0,50948 | 0,50432 | 0,49451 | 0,48424 | 0,49270 | 0,51282 | 0,52851 | 0,53686 | 0,54611 | 0,53872 | 0,53987 | 0,54014 | 0,51190 |
| Luxemburg | 0,43285 | 0,43839 | 0,41882 | 0,41565 | 0,42043 | 0,41901 | 0,43517 | 0,46023 | 0,44865 | 0,43866 | 0,44701 | 0,45969 | 0,45134 | 0,45268 | 0,46205 | 0,45482 | 0,47199 | 0,44279 |
| Malta | 0,50522 | 0,49281 | 0,46432 | 0,45455 | 0,44050 | 0,42587 | 0,38407 | 0,38048 | 0,38502 | 0,38975 | 0,37782 | 0,37321 | 0,36774 | 0,37310 | 0,38216 | 0,38567 | 0,38696 | 0,40996 |
| Niederlande | 0,41647 | 0,41601 | 0,41804 | 0,41837 | 0,41427 | 0,41782 | 0,41709 | 0,41413 | 0,41651 | 0,41770 | 0,42120 | 0,42544 | 0,43146 | 0,43903 | 0,44035 | 0,43626 | 0,43698 | 0,42336 |
| Österreich | 0,46718 | 0,46718 | 0,46678 | 0,46221 | 0,46071 | 0,46194 | 0,46487 | 0,46828 | 0,46544 | 0,46337 | 0,46592 | 0,46861 | 0,46526 | 0,46827 | 0,46313 | 0,46243 | 0,46442 | 0,46506 |
| Portugal | 0,43548 | 0,43307 | 0,43352 | 0,43563 | 0,43416 | 0,43324 | 0,43657 | 0,43178 | 0,42965 | 0,42259 | 0,43532 | 0,44200 | 0,44432 | 0,45311 | 0,46229 | 0,46396 | 0,46555 | 0,44072 |
| Slowenien | 0,45212 | 0,44965 | 0,46239 | 0,46533 | 0,47441 | 0,47065 | 0,46169 | 0,46245 | 0,46516 | 0,45894 | 0,43929 | 0,44770 | 0,45381 | 0,46684 | 0,47958 | 0,47597 | 0,47590 | 0,46246 |
| Slowakei | 0,49122 | 0,50195 | 0,49966 | 0,45726 | 0,48494 | 0,49257 | 0,48319 | 0,48832 | 0,47530 | 0,47618 | 0,43209 | 0,45285 | 0,44274 | 0,43417 | 0,41932 | 0,42121 | 0,42478 | 0,46340 |
| Finnland | 0,48031 | 0,48349 | 0,47713 | 0,47954 | 0,47971 | 0,47511 | 0,47369 | 0,48076 | 0,47107 | 0,46513 | 0,43876 | 0,44580 | 0,43765 | 0,42889 | 0,42833 | 0,42126 | 0,42137 | 0,45812 |
| USA | 0,39545 | 0,39206 | 0,38971 | 0,39040 | 0,39040 | 0,38887 | 0,38674 | 0,38997 | 0,39092 | 0,40302 | 0,41105 | 0,41579 | 0,41504 | 0,41065 | 0,40521 | 0,40213 | N/A | 0,39869 |

Tabelle 5: Normierter Gini-Ungleichgewichtskoeffizient als Konzentrationsmass für die Anteile der zehn Haupt-NACE-Sektoren am Bruttoinlandsprodukt. Hervorgehoben sind besonders tiefe Konzentrationen (Eurostat, 2016a). (Eurostat, 2016b).

| GEO/TIME | 1999 | 2000 | 2001 | 2002 | 2003 | 2004 | 2005 | 2006 | 2007 | 2008 | 2009 | 2010 | 2011 | 2012 | 2013 | 2014 | 2015 |
|---|---|---|---|---|---|---|---|---|---|---|---|---|---|---|---|---|---|
| Ø Euroraum (19) | 61,26% | 69,26% | 68,63% | 66,38% | 64,92% | 67,81% | 71,05% | 75,45% | 77,54% | 78,83% | 68,44% | 76,75% | 82,50% | 84,78% | 84,68% | 85,78% | 87,23% |
| Ø Euroraum (18) | 61,24% | 69,24% | 68,58% | 66,31% | 64,85% | 67,74% | 70,94% | 75,32% | 77,43% | 78,67% | 68,34% | 76,59% | 82,28% | 84,52% | 84,39% | 85,51% | 87,00% |
| Ø Euroraum (12) | 60,73% | 68,71% | 68,01% | 65,72% | 64,22% | 66,99% | 70,10% | 74,34% | 76,32% | 77,51% | 67,34% | 75,44% | 80,96% | 83,09% | 82,92% | 84,09% | 85,59% |
| Belgien | 124,00% | 141,08% | 138,69% | 135,12% | 131,99% | 136,04% | 143,38% | 147,69% | 151,16% | 158,91% | 136,36% | 151,10% | 162,75% | 164,02% | 163,05% | 167,14% | 167,15% |
| Deutschland | 53,37% | 61,39% | 61,98% | 60,77% | 61,52% | 65,86% | 70,42% | 77,08% | 79,37% | 80,94% | 70,67% | 79,30% | 84,75% | 85,87% | 84,96% | 84,78% | 85,99% |
| Estland | 144,87% | 126,51% | 126,65% | 124,09% | 123,28% | 130,91% | 136,92% | 137,12% | 135,27% | 137,52% | 116,65% | 143,78% | 167,35% | 172,19% | 171,33% | 164,40% | 155,43% |
| Irland | 160,19% | 175,14% | 175,05% | 163,78% | 146,55% | 146,70% | 148,25% | 149,90% | 153,22% | 159,69% | 173,40% | 190,11% | 186,31% | 196,40% | 193,38% | 209,66% | 216,24% |
| Griechenland | 47,38% | 58,42% | 56,14% | 50,35% | 48,19% | 49,90% | 50,90% | 52,85% | 57,52% | 59,33% | 47,74% | 52,83% | 57,84% | 61,82% | 63,98% | 67,93% | 60,40% |
| Spanien | 54,74% | 60,24% | 58,07% | 54,98% | 53,11% | 54,21% | 54,34% | 55,66% | 57,41% | 55,76% | 46,50% | 52,34% | 58,09% | 59,76% | 60,70% | 62,60% | 63,81% |
| Frankreich | 49,23% | 55,26% | 54,32% | 52,42% | 50,13% | 51,20% | 53,15% | 55,19% | 55,55% | 56,52% | 49,57% | 53,97% | 58,17% | 59,20% | 59,10% | 59,88% | 61,43% |
| Italien | 44,73% | 50,47% | 50,21% | 48,20% | 46,27% | 47,54% | 49,41% | 53,29% | 55,21% | 54,72% | 45,61% | 52,35% | 55,58% | 56,18% | 55,46% | 56,17% | 57,28% |
| Zypern | 131,82% | 138,19% | 132,65% | 124,38% | 114,75% | 114,64% | 112,61% | 110,64% | 112,15% | 114,05% | 103,87% | 107,51% | 107,77% | 107,05% | 115,40% | 119,32% | 121,22% |
| Lettland | 79,90% | 81,78% | 86,53% | 83,37% | 84,88% | 93,80% | 100,95% | 100,79% | 96,09% | 92,14% | 86,91% | 108,89% | 120,96% | 127,50% | 123,94% | 121,26% | 118,94% |
| Litauen | 74,81% | 83,27% | 93,55% | 100,36% | 98,13% | 101,82% | 115,02% | 121,59% | 113,91% | 125,85% | 105,56% | 132,56% | 152,60% | 162,45% | 166,86% | 160,51% | 153,24% |
| Luxemburg | 241,73% | 271,94% | 274,54% | 259,95% | 256,42% | 281,63% | 297,56% | 320,92% | 336,25% | 348,39% | 303,03% | 326,14% | 340,45% | 348,12% | 357,48% | 374,15% | 391,50% |
| Malta | 227,02% | 245,86% | 218,66% | 218,85% | 214,57% | 208,26% | 211,19% | 250,28% | 258,51% | 297,20% | 296,97% | 307,42% | 316,75% | 324,00% | 304,79% | 288,89% | 278,83% |
| Niederlande | 115,14% | 126,45% | 120,99% | 114,71% | 112,65% | 119,15% | 124,55% | 129,83% | 131,72% | 134,66% | 118,98% | 135,55% | 146,17% | 154,27% | 153,32% | 154,29% | 154,15% |
| Österreich | 78,38% | 85,47% | 87,64% | 86,96% | 86,49% | 90,93% | 94,16% | 98,23% | 100,82% | 102,13% | 86,81% | 98,68% | 104,82% | 105,00% | 103,80% | 102,73% | 102,11% |
| Portugal | 63,29% | 67,42% | 65,06% | 62,16% | 60,44% | 62,76% | 62,57% | 68,07% | 69,65% | 71,96% | 61,08% | 67,30% | 72,86% | 75,93% | 78,03% | 79,71% | 79,90% |
| Slowenien | 92,63% | 103,68% | 104,54% | 103,33% | 102,11% | 111,38% | 119,80% | 129,44% | 136,49% | 134,14% | 112,62% | 127,14% | 138,91% | 142,32% | 144,76% | 145,33% | 146,75% |
| Slowakei | 99,36% | 110,70% | 123,62% | 122,20% | 126,28% | 140,16% | 149,17% | 166,52% | 168,12% | 163,32% | 137,14% | 154,56% | 171,45% | 179,90% | 183,43% | 180,06% | 185,16% |
| Finnland | 66,24% | 74,99% | 70,27% | 69,29% | 68,04% | 70,99% | 76,63% | 82,18% | 83,18% | 86,51% | 70,53% | 76,09% | 79,17% | 80,41% | 78,51% | 76,30% | 73,69% |

Tabelle 6: Grad der Offenheit gemessen an der Aussenhandelsquote, also der Summe aller Exporte und Importe im Verhältnis zum Bruttoinlandsprodukt. Hervorgehoben sind besonders offene Staaten (Eurostat, 2016b).

| GEO/TIME | 1999 | 2000 | 2001 | 2002 | 2003 | 2004 | 2005 | 2006 | 2007 | 2008 | 2009 | 2010 | 2011 | 2012 | 2013 | 2014 | 2015 |
|---|---|---|---|---|---|---|---|---|---|---|---|---|---|---|---|---|---|
| Ø Euroraum (19) | 1,312% | 0,745% | 1,447% | 2,437% | 1,880% | 2,050% | 1,449% | 1,083% | 1,422% | 0,944% | 1,438% | 1,328% | 1,383% | 2,657% | 3,389% | 3,696% | 4,436% |
| Ø Euroraum (18) | 1,329% | 0,757% | 1,460% | 2,453% | 1,896% | 2,071% | 1,470% | 1,113% | 1,467% | 0,987% | 1,447% | 1,338% | 1,395% | 2,663% | 3,397% | 3,702% | 4,453% |
| Ø Euroraum (12) | 1,381% | 0,799% | 1,516% | 2,520% | 1,951% | 2,147% | 1,547% | 1,215% | 1,574% | 1,098% | 1,482% | 1,373% | 1,425% | 2,675% | 3,400% | 3,704% | 4,473% |
| Belgien | 3,800% | 2,636% | 3,346% | 5,505% | 5,202% | 4,702% | 3,666% | 3,729% | 3,818% | 0,484% | 2,263% | 1,797% | 0,518% | 0,617% | 1,274% | 0,892% | 1,667% |
| Deutschland | 0,713% | 0,269% | 1,764% | 4,375% | 3,664% | 5,041% | 5,060% | 5,299% | 6,649% | 5,975% | 4,939% | 5,198% | 4,889% | 6,090% | 5,958% | 6,523% | 7,569% |
| Estland | -4,406% | -3,241% | -3,959% | -7,452% | -8,487% | -7,876% | -5,105% | -10,144% | -8,875% | -3,927% | 4,960% | 6,355% | 5,729% | 0,978% | 2,218% | 3,412% | 4,087% |
| Irland | 13,248% | 13,840% | 15,624% | 17,185% | 15,152% | 14,376% | 10,887% | 8,043% | 8,267% | 8,608% | 13,507% | 16,676% | 18,582% | 17,152% | 18,794% | 17,917% | 31,746% |
| Griechenland | -8,865% | -10,979% | -10,562% | -10,123% | -11,101% | -8,482% | -8,276% | -10,502% | -12,484% | -12,607% | -9,779% | -8,625% | -6,774% | -4,450% | -2,803% | -2,557% | -0,170% |
| Spanien | -1,944% | -3,005% | -2,350% | -2,029% | -2,217% | -3,855% | -5,000% | -5,915% | -5,991% | -5,125% | -1,150% | -1,305% | -0,246% | 1,464% | 3,206% | 2,495% | 2,490% |
| Frankreich | 2,207% | 1,088% | 1,272% | 1,664% | 1,090% | 0,621% | -0,414% | -0,836% | -1,291% | -1,751% | -1,425% | -1,882% | -2,562% | -2,157% | -1,883% | -1,987% | -1,377% |
| Italien | 1,776% | 0,841% | 1,255% | 0,746% | 0,453% | 0,582% | -0,110% | -0,836% | -0,359% | -0,789% | -0,656% | -1,969% | -1,570% | 0,988% | 2,244% | 2,908% | 3,207% |
| Zypern | 2,656% | 2,443% | 4,596% | 1,176% | 1,530% | -0,125% | -0,536% | -2,957% | -4,794% | -12,890% | -5,402% | -6,623% | -3,109% | -1,104% | 1,087% | 0,693% | -1,397% |
| Lettland | -9,812% | -7,991% | -10,385% | -10,148% | -12,558% | -15,566% | -14,500% | -20,707% | -19,054% | -12,936% | -1,622% | -1,476% | -4,992% | -4,462% | -3,205% | -2,248% | -1,424% |
| Litauen | -9,984% | -6,183% | -5,464% | -5,676% | -5,786% | -7,025% | -7,177% | -10,205% | -13,079% | -11,571% | -1,680% | -1,877% | -2,551% | 0,861% | 1,251% | 1,924% | -0,333% |
| Luxemburg | 22,872% | 25,099% | 22,852% | 24,395% | 22,795% | 23,826% | 24,639% | 30,356% | 32,102% | 29,679% | 30,070% | 31,879% | 30,774% | 30,353% | 33,656% | 32,389% | 36,202% |
| Malta | -2,302% | -7,195% | -1,665% | 4,397% | 0,870% | -1,329% | -2,445% | -3,375% | 0,564% | -0,248% | -1,504% | -0,911% | 2,749% | 4,820% | 6,887% | 8,023% | 3,147% |
| Niederlande | 5,344% | 6,534% | 6,660% | 6,791% | 6,764% | 7,923% | 8,679% | 8,732% | 8,825% | 8,627% | 7,328% | 8,363% | 8,540% | 9,602% | 10,696% | 10,842% | 10,780% |
| Österreich | 0,502% | 1,386% | 1,747% | 3,659% | 2,669% | 2,898% | 3,100% | 3,433% | 4,151% | 4,185% | 2,985% | 3,324% | 2,520% | 2,594% | 2,582% | 3,300% | 4,008% |
| Portugal | -10,349% | -11,042% | -10,216% | -8,270% | -6,935% | -8,254% | -9,103% | -8,239% | -7,642% | -9,713% | -6,921% | -7,558% | -4,281% | -0,508% | 1,005% | 0,377% | 0,775% |
| Slowenien | -4,334% | -3,668% | -1,041% | 0,988% | -0,317% | -1,445% | -0,638% | -0,048% | -1,298% | -1,927% | 1,869% | 1,435% | 1,836% | 4,227% | 5,616% | 7,451% | 9,117% |
| Slowakei | -4,399% | -2,568% | -8,026% | -7,232% | -1,897% | -2,737% | -4,603% | -3,990% | -1,122% | -2,837% | -1,488% | -1,457% | -0,916% | 3,681% | 4,253% | 3,649% | 2,426% |
| Finnland | 8,968% | 9,179% | 9,160% | 8,881% | 6,495% | 6,187% | 3,884% | 4,159% | 4,818% | 3,644% | 2,011% | 1,266% | -0,851% | -1,443% | -0,885% | -0,938% | -0,463% |

Tabelle 7: Handelsbilanz zu jeweiligen Preisen im Verhältnis zum Bruttoinlandsprodukt. Hervorgehoben sind besonders exportüberschüssige Staaten (Eurostat, 2016b).

# 3. Abbildungs- und Tabellenverzeichnis

Abbildung 1: Imaginäre Produktionsfunktion............................................................... 7
Quelle: eigene Darstellung basierend auf (Krugman & Obstfeld, 2006)

Abbildung 2: Grenzprodukt der Arbeit........................................................................ 7
Quelle: eigene Darstellung basierend auf (Krugman & Obstfeld, 2006)

Abbildung 3: Einpendeln der Arbeitsmigration ........................................................... 7
Quelle: eigene Darstellung basierend auf (Krugman & Obstfeld, 2006)

Abbildung 4: Zusammenhang zwischen Investitionen und Renditen........................... 9
Quelle: eigene Darstellung

Abbildung 5: Gesamtnachfrageentwicklung in den Sektoren einer imaginären Volkswirtschaft
.................................................................................................................................19
Quelle: eigene Darstellung

Abbildung 6: Mobilität der Arbeit gemessen an Migrationszahlen des Jahres 2014. ...........33
Quelle: eigene Darstellung basierend auf (Eurostat, 2016f), (Eurostat, 2016g)

Abbildung 7: Mobilität des Kapitals anhand der Differenz zwischen nationalem Sparkapital
und nationalen Investitionen im Verhältnis zum Sparkapital für das Jahr 2012. ...................34
Quelle: eigene Darstellung basierend auf (Eurostat, 2016b), (Eurostat, 2016e)

Abbildung 8: Normierter Gini-Ungleichgewichtskoeffizient von zehn BIP Aggregaten für das
Jahr 2014. ...............................................................................................................36
Quelle: eigene Darstellung basierend auf (Eurostat, 2016a), (Eurostat, 2016b)

Abbildung 9: Offenheitsgrad anhand der Aussenhandelsquote für das Jahr 2015. ...............38
Quelle: eigene Darstellung basierend auf (Eurostat, 2016b)

Abbildung 10: Volumenvergleich der handelbaren Güter und des BIP im Jahr 2015. ...........39
Quelle: eigene Darstellung basierend auf (Eurostat, 2016b)


Tabelle 1: Einwanderung im Verhältnis zur Gesamtbevölkerung. Eingefärbt sind besonders
hohe Immigrationswerte. .........................................................................................44
Quelle: (Eurostat, 2016f)

Tabelle 2: Auswanderung im Verhältnis zur Gesamtbevölkerung. Hervorgehoben sind
besonders hohe Emigrationswerte. ...........................................................................45
Quelle: (Eurostat, 2016g)

Tabelle 3: Wanderungssaldo einschliesslich statistischer Anpassungen im Verhältnis zur
Gesamtbevölkerung. Hervorgehoben sind besonders starke Zu- und Abwanderungen........46
Quelle: (Eurostat, 2016c), (Eurostat, 2016d)

Tabelle 4: Kapitalmobilität nach dem Feldstein-Horioka-Ansatz. Dargestellt als Differenz
zwischen nationalem Sparkapital und nationalen Investitionen als Prozent des Sparkapitals.
Hervorgehoben sind besonders starke Zu- und Abflüsse. ...........................................47
Quelle: (Eurostat, 2016b), (Eurostat, 2016e)

Tabelle 5: Normierter Gini-Ungleichgewichtskoeffizient als Konzentrationsmass für die Anteile
der zehn Haupt-NACE-Sektoren am Bruttoinlandsprodukt. Hervorgehoben sind besonders
tiefe Konzentrationen..................................................................................................48
Quelle: (Eurostat, 2016a), (Eurostat, 2016b)

Tabelle 6: Grad der Offenheit gemessen an der Aussenhandelsquote, also der Summe aller Exporte und Importe im Verhältnis zum Bruttoinlandsprodukt. Hervorgehoben sind besonders offene Staaten. ...............................................................................................................49
Quelle: (Eurostat, 2016b)

Tabelle 7: Handelsbilanz zu jeweiligen Preisen im Verhältnis zum Bruttoinlandsprodukt. Hervorgehoben sind besonders exportüberschüssige Staaten. ...........................................50
Quelle: (Eurostat, 2016b)

## 4. Literaturverzeichnis

Ando, A., & Modigliani, F. (März 1963). The "Life Cycle" Hypothesis of Saving: Aggregate Implications and Tests. The American Economic Review, 53(1), S. 55-84. Abgerufen am 18. Oktober 2016 von http://www.econ.nyu.edu/user/violante/NYUTeaching/MTA/Spring14/Readings/ando_aer.pdf

Beck, B. (2015). Volkswirtschaft verstehen. Zürich, Schweiz: vdf Hochschulverlag AG.

Berthold, N., Braun, S., & Coban, M. (2014). Das Scheitern historischer Währungsräume: Kann sich die Geschichte auch für die Eurozone wiederholen? Bayerische Julius-Maximilians-Universität Würzburg, Wirtschaftswissenschaftliche Fakultät, Würzburg. Abgerufen am 2. Oktober 2016 von http://www.wiwi.uni-wuerzburg.de/fileadmin/12010400/_temp_/DP_127_02.pdf

Caves, R. E. (Februar 1971). International Corporations: The Industrial Economics of Foreign Investment. Economica, 38(149), S. 1-27.

Clausen, V. (2011). Messung der Integration internationaler Finanzmärkte. Universität Duisburg-Essen, Essen. Abgerufen am 3. November 2016 von https://www.wipo.wiwi.uni-due.de/fileadmin/fileupload/VWL-INT/TuE_Int_Kap/SS08/Vorlesung/Kap_2MessungIntKapvekehr.pdf

Dill, A. (März 2013). Basel Kriterium. Abgerufen am 19. Dezember 2016 von Basel Institute of Commons and Economics: http://commons.ch/deutsch/basel-kriterium

Domeratzki, T. (2010). Übung zur Einführung in die VWL / Makroökonomie - Teil 8: Das Mundell-Fleming-Modell. Bergische Universität Wuppertal, Wuppertal. Abgerufen am 20. Oktober 2016 von http://welfens.wiwi.uni-wuppertal.de/fileadmin/welfens/daten/Skripte/WS_09_10/VWLI_Makro/teil8_mundell-fleming.pdf

Duffie, D., & Strulovici, B. (November 2012). Capital Mobility and Asset Pricing. Econometrica, 80(6), S. 2469-2509. Abgerufen am 12. Oktober 2016 von http://www.darrellduffie.com/uploads/pubs/DuffieStrulovici2012.pdf

Eicke, B. (2010). Statistik: Eine Einführung. Bülach: Pythagoras Lehrmittel.

Engelhardt, A. (27. Juli 2013). Gini-Koeffizient. Abgerufen am 20. November 2016 von Crashkurs Statistik: http://www.crashkurs-statistik.de/gini-koeffizient/

Epstein, G. S., & Gang, I. N. (2010). Migration and Culture. Discussion Paper, Bonn. Abgerufen am 3. Oktober 2016 von http://ftp.iza.org/dp5123.pdf

Europäische Kommission. (2014b). Die Europäische Union erklärt: Wirtschafts- und Währungsunion und der Euro. Brüssel: Amt für Veröffentlichungen der Europäischen Union.

Europäische Kommission. (25. März 2010). List of NACE codes. Abgerufen am 20. November 2016 von http://ec.europa.eu/competition/mergers/cases/index/nace_all.html

Europäische Kommission. (2014a). Die Europäische Union erklärt: So funktioniert die Europäische Union. Luxemburg: Amt für Veröffentlichungen der Europäischen Union.

Europäische Union. (11. Juli 2007). Verordnung (EG) Nr. 862/2007 des Europäischen Parlaments und des Rates vom 11. Juli 2007 zu Gemeinschaftsstatistiken über Wanderung und internationalen Schutz. Brüssel. Abgerufen am 2. Januar 2017 von http://eur-lex.europa.eu/legal-content/DE/TXT/?uri=CELEX:32007R0862&qid=1483403797773

Europäisches Währungsinstitut. (1998). Konvergenzbericht. Frankfurt am Main. Abgerufen am 18. Dezember 2016 von http://www.ecb.europa.eu/pub/pdf/conrep/cr1998de.pdf

Eurostat. (1. September 2016a). Gliederung des Bruttoinlandsprodukts und Einkommens nach A*10 Wirtschaftsbereichen. Luxemburg. Abgerufen am 4. September 2016 von http://appsso.eurostat.ec.europa.eu/nui/show.do?dataset=nama_10_a10&lang=de

Eurostat. (23. September 2016b). BIP und Hauptkomponenten (Produktionswert, Ausgaben und Einkommen). Luxemburg. Abgerufen am 24. September 2016

Eurostat. (13. Dezember 2016c). Demographische Veränderung - absoluter und relativer Bevölkerungsstand auf nationaler Ebene. Luxemburg. Abgerufen am 27. Dezember 2016 von http://appsso.eurostat.ec.europa.eu/nui/show.do?dataset=demo_gind&lang=de

Eurostat. (21. Dezember 2016d). Beschäftigung nach Geschlecht, Alter und Staatsangehörigkeit. Luxemburg. Abgerufen am 27. Dezember 2016 von http://appsso.eurostat.ec.europa.eu/nui/show.do?dataset=lfsa_egan&lang=de

Eurostat. (5. April 2016e). Einkommen, Sparen und Finanzierungssaldo - Jeweilige Preise. Luxemburg. Abgerufen am 24. September 2016 von http://appsso.eurostat.ec.europa.eu/nui/show.do?dataset=nama_inc_c&lang=de

Eurostat. (16. Dezember 2016f). Einwanderung nach Alter und Geschlecht. Luxemburg. Abgerufen am 27. Dezember 2016 von http://appsso.eurostat.ec.europa.eu/nui/show.do?dataset=migr_imm8&lang=de

Eurostat. (16. Dezember 2016g). Auswanderung nach Alter und Geschlecht. Luxemburg. Abgerufen am 27. Dezember 2016 von http://appsso.eurostat.ec.europa.eu/nui/show.do?dataset=migr_emi2&lang=de

Eurostat. (14. Juli 2016h). Glossar: Statistische Systematik der Wirtschaftszweige in der Europäischen Gemeinschaft (NACE). Luxemburg. Abgerufen am 4. Januar 2017 von http://ec.europa.eu/eurostat/statistics-explained/index.php/Glossary:Statistical_classification_of_economic_activities_in_the_European_Community_(NACE)/de

Feldstein, M., & Horioka, C. (Juni 1980). Domestic Saving and International Capital Flows. The Economic Journal, 358(90), S. 314-329. Abgerufen am 11. Oktober 2016 von http://faculty.georgetown.edu/mh5/class/econ489/Feldstein-Horioka-Puzzle.pdf

Gaebel, K. (2007). Die EWU als optimaler Währungsraum? Universität Trier, Trier.

Geigant, F., Sobotka, D., & Westphal, H. (1987). Lexikon der Volkswirtschaft. Landsberg am Lech, Deutschland: verlag moderne industrie AG & Co Buchverlag.

Geis, W. (2013). Der Europäische Arbeitsmarkt – Erfolg durch Flexibilität und Mobilität. Konrad-Adenauer-Stiftung. Berlin: Centre for European Studies & Konrad-Adenauer-Stiftung. Abgerufen am 29. Dezember 2016 von http://www.kas.de/wf/doc/kas_34466-544-1-30.pdf?140218161830

Golub, S. S. (1990). International Capital Mobility: Net Versus Gross Stocks and Flows. Journal of International Money and Finance, 9, S. 424-439.

Guzzi-Heeb, S. (3. Dezember 2007). Lateinische Münzunion. Abgerufen am 2. Oktober 2016 von Historisches Lexikon der Schweiz: http://www.hls-dhs-dss.ch/textes/d/D13662.php

Hasse, R. H., & Starbatty, J. (1997). Wirtschafts- und Währungsunion auf dem Prüfstand: Schritte zur weiteren Integration Europas. Stuttgart: Lucius und Lucius.

Heinemann, F. (1998). Die Theorie der optimalen Währungsräume und die politische Reformfähigkeit - ein vernachlässigtes Kriterium. Discussion Paper, Zentrum für Europäische Wirtschaftsforschung, Mannheim. Abgerufen am 1. Oktober 2016 von http://www.zew.de/de/publikationen/die-theorie-der-optimalen-waehrungsraeume-und-die-politische-reformfaehigkeit-ein-vernachlaessigtes-kriterium/?cHash=f1dc72a8205cd46ae0984a510eed5759

Hishow, O. N. (2014). Divergenz statt Konvergenz in der Wirtschafts- und Währungsunion? Deutsches Institut für Internationale Politik und Sicherheit. Berlin: Stiftung Wissenschaft und Politik. Abgerufen am 13. Dezember 2016 von https://www.swp-berlin.org/fileadmin/contents/products/studien/2014_S07_hsh.pdf

Kahn, R. F. (Juni 1931). The Relation of Home Investment to Unemployment. The Economic Journal, 41(162), S. 173-198.

Kenen, P. B. (1969). The Theory of Optimum Currency Areas - An Eclectic View. Monetary Problems of the International Economy, S. 41-60.

Krugman, P. R. (18. Dezember 2012). Peter Kenen, R.I.P. The New York Times. Abgerufen am 5. November 2016 von http://krugman.blogs.nytimes.com/2012/12/18/peter-kenen-r-i-p/?_r=2

Krugman, P. R., & Obstfeld, M. (2006). Internationale Wirtschaft. München, Deutschland: Pearson Studium.

Läufer, N. K. (24. November 1997). Die Maastricht-Kriterien: Fug oder Unfug? Von Nikolaus K.A. Läufer: http://www.uni-konstanz.de/FuF/wiwi/laufer/lecture2/kriterien-text.html abgerufen

Long, J., & Ferrie, J. (2006). Labour Mobility. Oxford Encyclopedia of Economic History. Abgerufen am 2. Oktober 2016 von http://faculty.wcas.northwestern.edu/~fe2r/papers/Labour%20Mobility.pdf

Mankiw, N. G., & Taylor, M. P. (2008). Grundzüge der Volkswirtschaftslehre. (A. Wagner, & M. Herrmann, Übers.) Stuttgard, Deutschland: Schäfer Poeschel.

Mann, G. (2012). Der Euro - ein politisches Instrument, aber kein optimaler Währungsraum? In W. Lachmann (Hrsg.), Die Zukunft des Euro: Zerbruch der Gemeinschaftswährung oder Aufbruch zur politischen Union? (S. 61-89). Münster: LIT Verlag.

McKinnon, R. I. (September 1963). Optimum Currency Areas. The American Economic Review, 53(4), S. 717-725.

McKinnon, R. I. (2000). Mundell, the Euro, and Optimum Currency Areas.

Meade, J. E. (September 1957). The Blance of Payments Problems of a Free Trade Area. Economic Journal(67), S. 379-396.

Mongelli, F. P. (2008). European economic and monetary integration and the optimum currency area theory. European Commission, Directorate-General for Economic and Financial Affairs, Brüssel. Abgerufen am 19. November 2016 von http://ec.europa.eu/economy_finance/publications

Mundell, R. A. (September 1961). A Theory of Optimum Currency Areas. The American Economic Review, 51(4), S. 657-665.

Mundell, R. A. (2. Februar 2014). The Works of Robert A. Mundell: Biography. Abgerufen am 1. Oktober 2016 von The Works of Robert A. Mundell: http://robertmundell.net/biography/

Mundell, R. A. (5. Juni 2016). C.V. of Robert Mundell. Abgerufen am 1. Oktober 2016 von Home Page of Robert Mundell: http://www.columbia.edu/~ram15/bob2000.html

Mussler, W. (16. November 2004). Griechenland erschwindelte Euro-Beitritt. Frankfurter Allgemeine Zeitung(268), 11. Abgerufen am 19. Dezember 2016 von http://www.faz.net/aktuell/wirtschaft/konjunktur/euro-raum-griechenland-erschwindelte-euro-beitritt-1189739.html

OECD Statistics. (2016). Gross domestic product (output approach). Paris Cedex. Abgerufen am 30. Dezember 2016 von https://stats.oecd.org/index.aspx?queryid=60702#

Parker, C. B. (2. Oktober 2014). Stanford economics Professor Emeritus Ronald McKinnon dies at 79. Abgerufen am 26. November 2016 von Stanford News: http://news.stanford.edu/news/2014/october/ronald-mckinnon-obit-100214.html

Parkin, M., Powell, M., & Matthews, K. (2008). Economics (7 Ausg.). (Addison-Wesley, Hrsg.) Harlow: Pearson Education Ltd.

Priewe, J. (2007). Reconsidering the theories of optimum currency area - a critique. Marburg/Lahn: Metropolis. Abgerufen am 2. Oktober 2016 von http://www.ie.ufrj.br/datacenterie/pdfs/seminarios/pesquisa/texto1309.pdf

Princeton University Office of Communications. (19. Dezember 2012). Peter B. Kenen, Princeton professor and leading international economist, dies. News at Princeton. Abgerufen am 5. November 2016 von http://www.princeton.edu/main/news/archive/S35/58/67S77/index.xml?section=topstories

Sala-i-Martin, X., & Sachs, J. (1991). Fiscal Federalism and Optimum Currency Areas: Evidence for Europe From the United States. Cambridge, MA: National Bureau of Economic Research. Abgerufen am 10. Dezember 2016 von http://www.nber.org/papers/w3855.pdf

Samuelson, P. A., & Nordhaus, W. D. (1987). Volkswirtschaftslehre: Grundlagen der Makro- und Mikroökonomie (8. Ausg., Bd. 1). (J. Frenzel, H. Gerzymisch-Arbogast, & G. Frenzel, Übers.) Köln: Bund-Verlag.

Schieritz, M. (30. Juli 2015). Friedman hatte recht. Zeit Online. Abgerufen am 26. Dezember 2016 von http://www.zeit.de/2015/31/waehrungsunion-euro-europa-krise/komplettansicht

Schiersch, A., & Gornig, M. (2013). Eurozone: Konvergenz bei Spitzentechnologien, Divergenz bei wissensintensiven Dienstleistungen. Berlin: Deutsches Institut für Wirtschaftsforschung. Abgerufen am 13. Dezember 2016 von https://www.diw.de/documents/publikationen/73/diw_01.c.427210.de/13-37-1.pdf

Scitovsky, T. (1958). Economy Theory and Western European Integration. Stanford.

Tavlas, G. S. (März 1994). The theory of monetary integration. Open Economies Review, 5(2), S. 211-230.

Tesar, L. L., & Werner, I. M. (1992). Home Bias and the Globalization of Securities Markets. Cambridge: National Bureau of Economic Research. Abgerufen am 19. Oktober 2016 von http://www.nber.org/papers/w4218.pdf

Uken, M. (4. Dezember 2015). Ein Solidaritätsfonds für Europa. Zeit Online. Abgerufen am 13. Dezember 2016 von http://www.zeit.de/wirtschaft/2015-12/eurozone-konvergenz-wirtschaftspolitik-ziele-studie/komplettansicht

Vaubel, R. (1987). Beschäftigungsprobleme hochentwickelter Volkswirtschaften. (H. Scherf, Hrsg.) Mannheim: Duncker & Humblot.